AF625838

Anna Lena Böckel, Uwe Schröder, Günter Wagner

Flowfood

Gedruckt auf
100% Recyclingpapier

Anna Lena Böckel, Uwe Schröder, Günter Wagner

Flowfood

Snacks für mehr Energie, Fitness und Konzentration

80 Rezepte für Riegel, Bällchen, Sportgels und Co.

fotografiert von Hanna Bien

pala verlag

Inhalt

Willkommen in der Flowfood-Küche

Bei Sport und Spiel, bei der Arbeit oder in der Schule Herausforderungen gut zu meistern und in einen körperlichen und seelischen Zustand zu kommen, sodass es einfach gut »läuft«: das sind besondere Glücksmomente. In diesem Flow (aus dem Englischen, »fließen, strömen«) funktioniert alles scheinbar wie von selbst. Und die Erfolgserlebnisse motivieren noch mehr, auch bei anstrengenden Tätigkeiten durchzuhalten. Damit dies gut gelingt, braucht es Achtsamkeit, aber auch eine bewusste Ernährung. Das Richtige zu essen und zu trinken, hilft mit, in diesen »Fluss« zu kommen und ihn länger aufrechtzuhalten. Flowfood beeinflusst Konzentration, Leistungsfähigkeit und Wohlbefinden positiv.

Die für dieses Buch entwickelten Rezepte für Zwischenmahlzeiten wie Energiebällchen, Riegel, Pfannkuchen, Waffeln, Shakes und Gels eignen sich als Flowfood besonders gut. Passend ausgewählt, liefern sie im richtigen Moment genau die Inhaltsstoffe, die der Körper gerade braucht. Sie sind eine sinnvolle Ergänzung zu bewusst zusammengestellten Hauptmahlzeiten oder ein guter Ersatz, wenn eine normale Mahlzeit gerade nicht praktikabel ist. Die Snacks liefern je nach Zusammensetzung geballte Energie, bestimmte Vitamine und Mineralstoffe, sie sind mal fettarm, mal besonders eiweißreich oder enthalten mal viele, mal wenige Kohlenhydrate. Denn für den Flow braucht es je nach Anlass und Zielsetzung den passenden Kick.

Die Powersnacks eignen sich vor und nach dem Training oder im sportlichen Wettkampf – beim Laufen, auf dem Rad oder am Beckenrand ebenso wie beim Krafttraining, Handballspiel oder Schachturnier. Sie passen aber auch zu anderen Snackmomenten: in der Schul- und Arbeitspause ebenso wie bei einer Wanderung, als selbst gemachtes Mitbringsel oder Fingerfood.

◀ Mit Mandelmus und Bananenscheiben belegt, sorgen Pancakes für gute Laune (Rezept Seite 109).

Essen für Leib und Seele

Achtsamkeit, etwas mehr Bewegung sowie eine zeitgemäße Lebensmittelauswahl bieten große Chancen, um in den Flow zu kommen und darin zu bleiben.

Eine den Flow unterstützende Ernährung fängt bereits mit der Idee einer Mahlzeit und der Auswahl der Zutaten und Lebensmittel an. Die Zubereitung und natürlich das Essen selbst können als Starter und Verstärker wirken. Das, was wir essen, beeinflusst unseren Körper und die Psyche. Alternative Heilmethoden nutzen diesen Effekt schon lange. In der traditionellen indischen Heilkunde Ayurveda wird beispielsweise seit Jahrtausenden darauf gesetzt, durch die Wahl der Lebensmittel Körper und Seele in ein Gleichgewicht zu bringen.

Auch in Redensarten wird deutlich, dass die Menschen die enge Verbindung zwischen Essen und Emotionen, zwischen Kopf und Bauch schon immer ahnten und gespürt haben: Schlechte Nachrichten schlagen auf den Magen, bereiten Bauchschmerzen und wollen erst einmal verdaut werden. Verliebte können von Luft und Liebe leben und haben Schmetterlinge im Bauch. Wärmende Suppen sollen die Seele streicheln, Schokolade glücklich machen und Nüsse die Nerven nähren.

Die Schulmedizin hielt diese Zusammenhänge lange für abwegig. Heute stellen seriöse Wissenschaftler aber vermehrt Fragen, die vor ein paar Jahren noch als absurd abgetan wurden: Kann es sein, dass eine Ernährung, die nicht den individuellen Bedarf der aktuell benötigten Nähr- und Wirkstoffe deckt, sowohl für eine verschlechterte körperliche und geistige Leistungsfähigkeit als auch für schlechte Stimmung oder gar seelische Erkrankungen sorgt? Und umgekehrt: Beeinflussen wir mit dem, was und wie wir denken, unseren Körper und unser Wohlbefinden? Auch diese Zusammenhänge werden verstärkt beobachtet und untersucht. Unbestritten ist zudem, dass regelmäßige Bewegung für gute Laune sorgt und wichtig ist, um körperlich und geistig fit zu bleiben.

◀ Nüsse, Mandeln, Kokosnuss oder Pistazienkerne sollten in der Flowfood-Speisekammer nicht fehlen. Sie schmecken pur und als Zutaten in selbst gemachten Snacks.

Mit mehr Achtsamkeit zum Flow

Achtsamkeitsübungen sind ein Baustein, um im Flow zu sein und auch zu bleiben. Es ist viel einfacher, als es unser hektisches Leben glauben macht.

Mit einfachen Mitteln lässt es sich lernen, die Umwelt bewusster wahrzunehmen und den Alltag entspannter anzugehen.

- Die Basis sind die alltäglichen Tätigkeiten, die Sie ganz bewusst wahrnehmen und durchführen. Das können das Apfelschälen oder die Zubereitung eines Shakes sein. Gemeinsame Aktivitäten mit Freunden oder in der Familie, aber auch die Beobachtung des Wetters oder der Jahreszeit gehören ebenfalls dazu. Gedanklich in der Gegenwart zu bleiben und bei einer Tätigkeit nicht schon über morgen, übermorgen oder nächstes Jahr nachzudenken, ist eine Übung, die trainiert sein will.
- Die zweite Stufe ist das bewusste und achtsame Genießen von Lebensmitteln und gemeinsamen Mahlzeiten. Nehmen Sie mindestens einmal am Tag bewusst wahr, wie der Apfel riecht, der Joghurt schmeckt, das Müsli knuspert. Nicht bewerten, sondern lediglich wahrnehmen.
- Die dritte Stufe betrifft die automatisierten Bewegungsabläufe. Beobachten Sie, welche Muskelgruppen aktiviert werden, beim Laufen, Gehen und Atmen. Aber beeinflussen Sie die Bewegung und die Atmung nicht. Auch hier bitte nur aufmerksam sein und wahrnehmen.
- Die vierte Achtsamkeitsstufe beinhaltet die »stille« Meditation. Mindestens einmal wöchentlich sollte man sich ein paar ruhige Minuten nur für sich gönnen, um die »innere Stimme« zu hören, je nach Geschmack zuhause am Lieblingsort oder draußen in Natur und Garten. Dabei bitte durch nichts ablenken lassen, das Handy bleibt solange aus.
- Die fünfte und höchste Stufe der Achtsamkeit bildet die aktive Meditation. Hierzu gehören beispielsweise ausgewählte Mediations- und Yoga-Übungen oder Qigong.

Die vierte und fünfte Stufe der Achtsamkeit sind langfristig erstrebenswert. Diese können, müssen aber in der Startphase nicht sein. Auch eine längere Reise beginnt mit dem ersten Schritt. Für ein achtsames und entspanntes Leben sind die Stufen 1 bis 3 entscheidender. Die Stufen 4 und 5 helfen dabei.

Mit Bewegung zum Flow

Alltagsaktivitäten und Sport unterstützen ebenfalls ein Leben im Flow.

- Die Basis und den wichtigsten Teil stellen alltägliche Bewegungen dar. Je mehr, desto besser. Radfahren oder Hausarbeit gehören hier ebenso dazu wie das Toben mit Kindern. Es gilt, lieber den Schirm statt den Wagen zu nehmen, das Auto in der hintersten Ecke des Parkplatzes zu parken oder eine Straßenbahnstation früher auszusteigen und den Rest zu Fuß zu gehen.
- Die zweite Stufe stellen Ausdauerbewegungen dar: Laufen, Wandern, Tanzen und Schwimmen sollten von sportlich Untrainierten mehrmals pro Woche über einen Zeitraum von jeweils 15 bis 20 Minuten ausgeübt werden. Für Kinder gehören Laufspiele in Kindergarten und Schule oder ein Spaziergang im Wald dazu. Fitnessbegeisterte und leistungsorientiert Sporttreibende sind hier ohnehin bereits regelmäßig aktiv.
- Die dritte Stufe sind Kräftigungs- und Beweglichkeitsübungen. Hierzu gehört auch das Nutzen der Treppen statt des Aufzugs und der Rolltreppe. Aber auch ein spezielles Krafttraining mit Gewichten oder unter Einsatz des eigenen Körpergewichtes ist bestens geeignet. Auf Klettergerüste oder auf Bäume klettern, über Baumstämme balancieren, einen Hampelmann springen, das sind für Kinder und jung gebliebene Erwachsene perfekte Übungen.
- In der vierten Stufe finden sich sportliche Bewegungen, die die Koordination und Schnelligkeit trainieren. Hierzu gehören zum Beispiel Tanzen, Handballspiel, Zumba oder Golfen.
- Nicht zuletzt gilt es, ein besonderes Augenmerk auf sitzende Tätigkeiten zu werfen. Hier gilt: je weniger, desto besser. Sinnvoll ist, nicht länger als 30 Minuten durchgehend zu sitzen, während der Arbeit, beim Lernen oder vor dem Computer. Sitzende Zeit, so weit es selbst beeinflussbar ist, auf das notwendige Maß zu minimieren, bringt automatisch mehr Bewegung in den Alltag. Also: am Arbeitsplatz beim Telefongespräch aufstehen, zum Kollegen ins Nachbarzimmer gehen, statt anzurufen, die Toilette ein Stockwerk höher nutzen oder den Drucker und Papierkorb zentral in einem anderen Raum aufstellen, sodass der Gang dorthin immer wieder nötig ist.

Es ist gut, sich immer vor Augen zu halten: Der Mensch wurde als ein sich bewegendes Wesen »konstruiert«, nicht als ein sitzendes. Ausreichende, abwechslungsreiche Bewegung ist wichtig für unsere Gesundheit und die Lebensqualität.

Mit Genuss zum Flow

Eine bewusste Lebensmittelauswahl ist der dritte Baustein für ein Leben im Flow. Der Genuss ist der erste und unmittelbarste Effekt, der auf die Psyche wirkt. Mit dem ersten Schluck Muttermilch haben wir gelernt, welche positiven Gefühle gutes Essen auslösen kann. Viele Kindheitserinnerungen sind mit bestimmten Gerichten verbunden. Der Geschmack wird besonders in der Kindheit geprägt und beim Essen werden lange zurückliegende Ereignisse wieder ins Gedächtnis zurückgerufen. Und wer kennt es nicht, dass bereits die Vorfreude auf das Lieblingsessen das »Wasser im Mund zusammenlaufen lässt« und Glücksgefühle auslöst.

Ob Nudeln oder Nüsse glücklich machen, hat aber auch etwas mit den darin enthaltenen Inhaltsstoffen und der Nährstoffaufnahme zu tun. Die Kohlenhydrate, das Eiweiß und spezielle Aminosäuren, die Fettsäuren, aber auch Vitamine, Mineralstoffe und Sekundäre Pflanzenstoffe wirken auf die Körperzellen und zum Teil direkt auf das Gehirn.

Das Bauchhirn und die Darmflora

Über 100 Millionen Nervenzellen befinden sich in der Darmwand, vier- bis fünfmal mehr als im Rückenmark. Dieses eigenständige Nervensystem liegt als dünne Schicht zwischen den Muskeln des Verdauungsapparates. Es kann vollständig autonom arbeiten, unterliegt aber den Einflüssen des vegetativen Nervensystems mit seinen Gegenspielern Sympathikus und Parasympathikus, um mit dem Gesamtorganismus zu kommunizieren. Der Aufbau ähnelt dem des Gehirns: Zelltyp, Rezeptoren und Botenstoffe im Darm sind dieselben. So wird der Großteil des »Glückshormons« Serotonin, das im Gehirn für die gute Stimmung zuständig ist, im Darmtrakt für die Bewegung des Verdauungsorganes gebraucht.

Auch die Darmflora kann die Stimmung beeinflussen. Mehr als eine Billion Mikroorganismen, zusammen 1 bis 2 kg schwer, helfen dem Darm dabei, Lebensmittel zu verdauen. Diese Bakterien verständigen sich mit Signalstoffen nicht nur untereinander, sondern auch mit ihrem menschlichen Wirt. Als Kommunikationskanal dienen die Nervenzellen in der Darmwand, welche die Botschaften über den Vagusnerv direkt ins Gehirn leiten. Über diese Verbindung können die Darmbakterien ganz entscheidend am grundsätzlichen Wohlbefinden mitwirken. Umgekehrt scheint ein Mangel an bestimmten Bakterien die Stimmung negativ zu beeinflussen und vielleicht sogar die Entstehung von Depressionen zu begünstigen. Den Darmmikroben passendes Futter zu geben, ist also in jedem Fall wichtig.

Hirnsignale für gute Laune und Lust auf Leistung

Zu den wichtigsten durch die Ernährung zu beeinflussenden Botenstoffen im Gehirn gehören das Serotonin und das Dopamin. Serotonin wird als »Glückshormon« bezeichnet, denn es gibt uns das Gefühl der Gelassenheit und inneren Ruhe. Das ist beispielsweise wichtig für konzentriertes Lernen. Ein niedriger Serotoninspiegel im Körper korreliert sehr eng mit Angstzuständen und depressiver Stimmung. Den Serotoninwert scheinen neben anderen Gemüsen und Früchten besonders Bananen, Walnüsse, Tomaten, Ananas, Melonen, Auberginen und Kiwis zu erhöhen.

Dopamin braucht das Gehirn für die Aufmerksamkeit und die Lernfähigkeit. Aus Dopamin wiederum entsteht Noradrenalin, das für die Steuerung der Wachheit mitverantwortlich ist. Freude, Motivation, Neugierde, Ausdauer und Selbstvertrauen stehen in enger Beziehung zur Konzentration des Neurobotenstoffs Dopamin im Gehirn. Durch mentale Anforderungen, die von Wohlbefinden begleitet sind oder die Erfüllung von Wünschen erwarten lassen, erhöht sich die Dopaminproduktion und motiviert zu weiteren geistigen Aktivitäten.

Der Neurobotenstoff Dopamin entsteht im Körper aus L-Dopa und Tyrosin, Letzteres aus Phenylalanin. Diese Aminosäuren sind in eiweißreichen Lebensmitteln wie Milch und Milchprodukten, Eiern und Hülsenfrüchten sowie in Gemüse und Nüssen in nennenswerten Mengen enthalten. Eine hohe Aufnahme dieser Grundbausteine ermöglicht ein Maximum der Bildung von Dopamin.

Vor Prüfungen, sportlichen Wettkämpfen und wichtigen geistigen Anforderungen bietet es sich an, eine Extraportion Tyrosin mit tyrosinreichen Lebensmitteln aufzunehmen. Die Aminosäure wirkt nicht nur energiesteigernd, sondern auch stimmungsaufhellend. Zudem macht sie stressresistenter.

GUT ZU WISSEN: Die Hitliste der tyrosinreichen Getreidearten führen Dinkel und Hafer an, aber auch Reis, Hirse oder Weizen enthalten als volles Korn nennenswerte Mengen Tyrosin. Hülsenfrüchte wie Sojabohnen, Erbsen und Linsen und Erdnüsse sind gute Tyrosinlieferanten und deshalb nicht nur geschmacklich gute Kombi-Partner. Sesam, Mandeln und Haselnüsse sowie Trockenfrüchte, beispielsweise Rosinen, getrocknete Aprikosen und Bananenchips, sorgen in den Powersnacks ab Seite 43 fürs gewisse Extra, auch an Tyrosin. Werden bei den Hauptmahlzeiten tyrosinreiche Gemüsearten wie Grünkohl, Spinat, Kartoffeln und Blumenkohl ausgewählt und dazu noch tyrosinreiche Obstarten wie Trauben, Orangen und Äpfel ergänzt, hat der Körper alles, um mit Schwung und Freude aktiv zu sein.

Blick in die Flowfood-Speisekammer

Eine bewusste Ernährung, die vor allem pflanzlichen Lebensmitteln den Vorzug gibt und bei allen Produkten auf gute ernährungsphysiologische Qualität und Herkunft achtet, gibt den äußeren Rahmen vor. Die gezielte Auswahl einzelner Zutaten hilft, individuelle Ziele zu erreichen und im Flow zu sein.

Obst für Geschmack, Zellschutz und Wohlbefinden

Viele Gründe sprechen dafür, viel Obst zu essen. Ob frisch, getrocknet, als Smoothie, in Müslis oder als Riegel. Die Deutsche Gesellschaft für Ernährung (DGE) e.V. empfiehlt 2 Portionen Obst und 3 Portionen Gemüse am Tag (5 am Tag). Denn Obst enthält neben wichtigen Vitaminen und Mineralstoffen wichtige Sekundäre Pflanzenstoffe, die den Körper vor Erkrankungen schützen. Sie sind echte Bodyguards des Körpers.

Bei den Flowfood-Rezepten ab Seite 43 haben wir neben frischem Obst (Äpfel, Bananen) insbesondere Trockenfrüchte verwendet. Durch die Trocknung enthalten sie Energie und Nährstoffe in konzentrierter Form, genau das Richtige für unsere Powersnacks. Fast alle Früchte lassen sich zu Trockenobst verarbeiten, ganz gleich, ob Ananas, Aprikosen, Bananen, Cranberrys, Datteln oder Mangos. Eine große Auswahl an Trockenobst gibts im Naturkosthandel in guter Qualität. Der Vorteil der Bioware: Die Früchte stammen aus ökologischem Anbau und werden in der Regel weder geschwefelt noch begast. Trocknen bzw. Dörren ist eine der ältesten Konservierungsmethoden der Menschheit. So schützte man Frischobst vor dem Verderb und legte einen Vorrat für Notzeiten an. Durch den Entzug von Wasser schrumpft die Masse, der Zuckergehalt steigt auf 60 bis 70 Prozent an. Dadurch konzentriert sich auch das Aroma, und die meisten Trockenobstsorten schmecken auffallend süß.

Viele Biofirmen, die Südfrüchte als Trockenobst anbieten, bevorzugen das Trocknen in der Sonne, obwohl es zeitaufwendiger ist als der Einsatz moderner Trocknungsanlagen, die viel Energie verbrauchen. Wenn die Witterung nicht mitspielt und Verderb droht, greift man auf technische Hilfe zurück. Je nach Sorte werden die Früchte bei rund 60 °C vorgetrocknet und in einem zweiten Arbeitsschritt bei maximal 75 °C »gereift«. Erst dann werden die Früchte gewaschen und nochmals getrocknet, bevor man sie verpackt. Werden Trockenfrüchte kühl und dunkel gelagert, halten sie sich gut bis zur neuen Ernte im nächsten Jahr.

Auch wenn Trockenfrüchte während der Herstellung nur schonend erwärmt werden, leidet in geringem Umfang aber die ernährungsphysiologische Qualität, insbesondere bei den hitzeempfindlichen Vitaminen wie dem Vitamin C. Die

Gehalte an Mineralstoffen und den meisten Sekundären Pflanzenstoffen bleiben jedoch gleich hoch. Die Redewendung von einer »eisernen Reserve« trifft bei den Trockenfrüchten im wahrsten Sinne des Wortes zu. Der wichtige Mineralstoff Eisen ist besonders in getrockneten Aprikosen und Datteln in nennenswerten Mengen zu finden. Die Ballaststoffe der Trockenfrüchte wirken zudem darmregulierend. Aufgrund des starken Basenüberschusses der Trockenfrüchte wird auch der Säure-Basen-Haushalt positiv unterstützt.

Das nährstoff- und aromaschonendste Trocknungsverfahren ist die Gefriertrocknung. Hierfür wird das Lebensmittel zuerst tiefgefroren und anschließend in eine Vakuumkammer gegeben, in der das gefrorene Wasser bei niedrigen Temperaturen verdampft und so den Früchten entzogen wird. Dieses Verfahren wirkt sich schonend auf Struktur, Farbe, Aromastoffe und Vitamingehalt aus. Gefriergetrocknete Himbeeren beispielsweise behalten so ihre leuchtende Farbe und den köstlichen Geschmack.

Eine Besonderheit ist **Acai-Pulver.** Es wird aus dem Fruchtfleisch der Acai-Beere gewonnen, eine kleine, dunkle Frucht der Kohlpalme, die in Südamerika beheimatet ist. Für die Herstellung des Pulvers wird das Fruchtfleisch der Acai-Beere zunächst vom Kern getrennt. Anschließend wird das Fruchtfleisch hocherhitzt und gefriergetrocknet. Das Pulver ist für die vegane, gluten- und laktosefreie Ernährung gut geeignet. Es hat einen hohen Gehalt an Antioxidantien, Mineralstoffen sowie an einfach und mehrfach ungesättigten Fettsäuren. Bei unseren Flowfood-Rezepten wird das Pulver der Acai-Beere für die Zubereitung köstlicher Energiebällchen verwendet. Aber auch in Smoothies oder ins morgendliche Müsli passt es als Zutat gut.

Nüsse und Samen: Flowfood-Genuss mit Plus

Auch Nüsse gehören zu den Obstarten. Zu den »echten« Nüssen zählen neben Haselnuss, Macadamianuss und Walnuss auch die Esskastanien (Maronen). Was wir dabei essen, ist der Samen der Frucht. Die Erdnuss ist hingegen eine Hülsenfrucht und daher botanisch mit Erbsen und Bohnen verwandt. Pistazien und Pekannüsse wiederum sind Steinfrüchte und damit in einer Gruppe mit Pfirsichen, Pflaumen oder Oliven zu finden. Kennzeichen der Steinfrucht ist, dass nur die innere Fruchtwand verholzt ist. Hier essen wir also nicht den Samen, sondern den Kern. Etwas Außergewöhnliches sind Cashewnüsse. Sie stammen vom Cashewbaum, einem Kind der Tropen. An ihm wachsen apfelförmige Früchte und als deren Anhängsel die begehrten Kerne, die bei der Ernte noch von einer harten Schale und einem ungenießbaren Öl umgeben sind. Erst die schonende Röstung macht die Cashewnüsse genießbar. Der Anbau und die Verarbeitung in den Ländern des globalen

Südens erfolgt meist in Handarbeit. Wer auf Fairen Handel setzt, trägt zu einer gerechteren Entlohnung bei.

Walnüsse und Haselnüsse sind wahrscheinlich das älteste bei uns bekannte Obst. Schon bei den Germanen waren sie fester Bestandteil des Speiseplans. Und das aus guten Gründen: Hasel- und Walnüsse schmecken und überzeugen durch ihre »inneren« Werte. Sie sind gesunde Multitalente der Natur, mit vielen Nährstoffen, die der menschliche Körper braucht. Wenn Sie Walnüsse und Haselnüsse im eigenen Garten ernten, sollten Sie darauf achten, die geernteten Nüsse trocken, luftig und kühl zu lagern, um Schimmelbildung zu verhindern.

Nüsse machen glücklich und schlau – und sind gut fürs Herz

Nüsse bestehen zu über 10 Prozent aus Eiweiß mit einer hohen biologischen Wertigkeit. Eiweiß ist für alle Organe im Körper und für den Aufbau und Erhalt der Muskulatur wichtig. Da auch alle Biokatalysatoren des Körpers, die Enzyme, aus Eiweiß bestehen, ist ein beständiger Flow nur mit einer bedarfsgerechten Eiweißversorgung zu erreichen. Gut getimtes Snacken mit eiweißreichen, kleinen Gerichten unterstützt deshalb den Flow zur rechten Zeit. Ein besonders wichtiger, in nennenswerten Mengen in Nüssen enthaltener Eiweißbaustein ist Tryptophan. Diese Aminosäure sorgt dafür, dass Serotonin, der Stoff für gute Laune im Gehirn, ausreichend zur Verfügung steht. Und insgesamt spielt das enthaltene hochwertige Eiweiß eine bedeutende Rolle für alle Denkvorgänge im Gehirn.

Dem Gehirn liefern Nüsse reichlich Nährstoffe, auch durch ernährungsphysiologisch wertvolle Fettsäuren wie Öl- und Linolsäure. Diese Fettsäuren sind für den Aufbau von Nerven und Gehirnzellen unentbehrlich. Zudem enthalten Nüsse wertvolle Phospholipide wie Cholin und Lecithin. Beide sind am Aufbau der Zellmembranen beteiligt und für das Lernen sowie für die Informationsaufnahme und -verarbeitung notwendig.

Durch den Mineralstoff Zink, der reichlich enthalten ist, schützen Nüsse unsere Körperzellen vor Schäden durch freie Sauerstoffradikale. Die enthaltenen Omega-3-Fettsäuren wirken antioxidativ und entzündungshemmend. Zudem liefern Nüsse viel Vitamin E. Es sorgt dafür, dass unser Körper nicht zu schnell altert.

Verschiedene Studien zeigen, dass diejenigen, die wöchentlich fünfmal oder häufiger Walnüsse, Haselnüsse oder Cashewnüsse und Nussprodukte essen (etwa 150 g pro Woche) ein geringeres Risiko eines Herzinfarkts aufweisen und eine längere Lebenserwartung haben als jene, die weniger als einmal wöchentlich Nüsse verzehren. Das Risiko von Herzerkrankungen ist bei regelmäßigem Nussverzehr um 35 Prozent geringer als bei denjenigen, die nur selten Nüsse oder nusshaltige Lebensmittel verzehren.

In Kombination mit regelmäßiger Bewegung sind Nüsse ein idealer Herzkreislauf-Schutz. Das belegen zahlreiche internationale Studien. Mindestens dreimal die Woche jeweils 30 Minuten Ausdauersport, wie beispielsweise Radfahren, Schwimmen oder Laufen, ist empfehlenswert für ein »intaktes« Herz. Dabei ist neben der Intensität insbesondere die Regelmäßigkeit entscheidend. Stehen dabei regelmäßig auch eine Handvoll Nüsse und Mandeln auf dem Speisezettel, erhöht sich der positive Effekt noch. Die darin enthaltenen Sekundären Pflanzenstoffe und Ballaststoffe sowie die günstige Zusammensetzung der Fettsäuren sollen für die präventive Wirkung mitverantwortlich sein.

GUT ZU WISSEN: Regelmäßige Bewegung ist wichtig für die Herz-Fitness, aber es kommt dabei auch auf die Sportart und den Kalorienverbrauch an: Joggen, Schwimmen und Fahrradfahren sind besonders wertvoll. Ballsportarten wie Badminton, Tennis, Squash, Volleyball und Golfspielen rangieren in der Rangfolge danach. Zusätzlich hilfreich, um das Herz gesund zu erhalten, sind auch Sportarten wie Tischtennis, Kegeln, Krafttraining, Gymnastik und Reiten. Dabei die Sportart aussuchen, die am meisten Spaß macht und sich am besten in den Alltag integrieren lässt.

Flowfood aus aller Welt

In den Energiebällchen, Riegeln und Powerdrinks ab Seite 43 steckt reichlich Gutes. Wie unser heimisches Superfood bereichern Chia- und Hanfsamen sowie Kokosprodukte unseren Speiseplan und helfen mit, im Flow zu bleiben. Sie sind eine geschmackliche Bereicherung und stecken voller wertvoller Inhaltsstoffe.

Die Chiapflanze kommt ursprünglich aus Mexiko. Heute werden **Chiasamen** großflächig auch in anderen Teilen der Welt, vor allem im subtropischen Klima, angebaut. Die Samen sind reich an Mineralstoffen wie Calcium, Kalium, Magnesium und Zink sowie verschiedenen B-Vitaminen. Weiterhin enthalten sie nennenswerte Mengen an einfach ungesättigten und auch mehrfach ungesättigten Fettsäuren. Chiasamen unterstützen eine gesunde Verdauung und tragen zu einem anhaltenden Sättigungsgefühl bei. In Riegeln und Energiebällchen lassen sich die Körnchen gut mit Trockenfrüchten, Nüssen und Kokosprodukten kombinieren.

Hanfsamen zählen zu den Ölfrüchten. Sie sind reich an lebensnotwendigen Aminosäuren, Vitamin E, Mineralstoffen wie Eisen sowie Omega-3-Fettsäuren. In Energiebällchen, aber auch übers Müsli gestreut, bringen sie deshalb nicht nur optisch das gewisse Etwas. Die Samen stammen von Faserhanfpflanzen und enthalten natürlicherweise kein rauscherzeugendes THC (Tetrahydrocannabinol).

Chia- und Hanfsamen (oben 2. und 3. v. li.) oder geschrotete Hanfsamen (unten 2. v. li.) sind wie Leinsamen und Sesam (unten 3. v. li.) kleine, aber feine Zutaten der Flowfood-Küche.

Konzentrierter, feinster Kokosgeschmack in cremiger Konsistenz, das ist **Kokosmus.** Das Nussmus aus getrocknetem und fein vermahlenem Kokosfruchtfleisch kann in der Küche vielseitig eingesetzt werden und ist für die laktose- und glutenfreie Küche gut geeignet. Es schmeckt als Zutat von Energiebällchen und in Smoothies, aber auch als Brotaufstrich und in Suppen oder Saucen. Streichfähig wird das Kokosmus erst ab einer Temperatur über 24 °C. Bei kühleren Außentemperaturen kann es schonend im Wasserbad erhitzt werden.

Kokosöl enthält viele leicht verdauliche mittelkettige Fettsäuren, wie die Laurinsäure. Sie werden schnell in Energie umgesetzt und stärken das Immunsystem.

Für die Herstellung von **Kokosmehl** wird das getrocknete und entölte Kokosnussfleisch traditionell in einem handwerklichen Prozess sehr fein gemahlen (ähnlich der Mehlherstellung aus Getreide). Kokosmehl schmeckt leicht süßlich und eignet sich deshalb ebenfalls gut für die Zubereitung von Riegeln, Energiebällchen und Gebäck, aber auch für Brotaufstriche und Desserts. Aufgrund seiner sehr hohen Wasserbindungsfähigkeit kann es gut zum Binden von Saucen und Suppen eingesetzt werden. Kokosnussmehl ist glutenfrei und kohlenhydratarm. Für die Low-Carb-Ernährung ist es damit gut geeignet. Mit über 40 g Ballaststoffen pro 100 g wirkt es zudem verdauungsfördernd.

Kokosraspel werden aus dem Fruchtfleisch der Kokosnuss hergestellt. Hierfür werden sie aus der bereits getrockneten Kokosnuss herausgelöst und danach getrocknet. Bei schonender Trocknung und dem Verzicht auf Zusatzstoffe und Bleichung behalten Kokosraspel ihren Geschmack und ihre Qualität und Farbe. Von Natur aus besitzt das Fruchtfleisch eine leichte Süße, für Energiebällchen, Riegel und Gebäck sind Kokosraspel in Kombination mit Trockenfrüchten deshalb ideal. Die weißen Flocken sind reich an den Mineralstoffen Kalium, Magnesium, Eisen und Zink sowie an den Vitaminen B_1, Niacin und B_6.

Kokoswasser, das bei frischen Kokosnüssen reichlich im Inneren zu finden ist, ist eine süße, fast klare Flüssigkeit, die als Durstlöscher im Sport und Alltag gut geeignet ist. Kokoswasser ist kalorienarm, von Natur aus isotonisch und mineralstoffreich. Es enthält viel Calcium, Magnesium und besonders Kalium, das der Körper braucht, um die Kohlenhydratspeicher wieder aufzufüllen. Es schmeckt pur, aber auch in Powershakes wie dem Exotischen Fruchtshake (siehe Seite 144).

Eine Besonderheit ist das **Weizengraspulver,** das aus den ersten Blättern der Weizenpflanze gewonnen wird. Das Weizengras wird 3 bis 10 Tage nach seiner Keimung geerntet und anschließend für die Herstellung von Weizengraspulver getrocknet oder sprühgetrocknet und vermahlen. Das Pulver hat einen leicht bitteren Geschmack, der an rohen Spinat erinnert. Es enthält überdurchschnittlich viele Nährstoffe, wie zum Beispiel alle essentiellen Aminosäuren, und ist entsprechend eiweißreich. Des Weiteren liefert Weizengraspulver viel Eisen und ist vitamin- und ballaststoffreich. Mit seiner intensiven grünen Farbe bereichert es als Zutat Energiebällchen, Shakes und Smoothies. Als interessantes Flowfood ist Weizengraspulver auch in Suppen oder Saucen vielseitig einsetzbar. Es sollte auf die Herkunft aus biologischem Anbau und die Qualität der Verarbeitung geachtet werden.

Flow aus dem vollen Korn

Bei den in der Flowfood-Küche beliebten Körnerfrüchten **Quinoa, Amarant** und **Buchweizen** handelt es sich um Pseudogetreide, die sich wie Weizen, Dinkel oder Hafer verwenden lassen. Amarant und Quinoa gehören dabei zur Gruppe der Fuchsschwanzgewächse und wurden ursprünglich vor allem in Peru, Mexiko und in den Anden angebaut. Buchweizen gehört zu den Knöterichgewächsen und ist hierzulande heimisch. Gemeinsam zeichnet sie aus, dass sie frei von Gluten (Klebereiweiß) sind und somit bei Zöliakie oder immer dann, wenn eine glutenfreie Ernährung gewünscht ist, geeignet sind. Amarant und Quinoa haben einen angenehm nussigen Geschmack und eine ausgesprochen hohe ernährungsphysiologische

Quinoa, Amarant und Buchweizen sind zwar keine »echten« Getreide wie Dinkel und Hafer, stecken aber wie diese voller wertvoller Inhaltsstoffe. Und sie schmecken als Zutat von Quinoa-Frucht-Schnitten (Seite 96), Amarant-Schoko-Bällchen (Seite 50) oder Pancakes (Seite 113) superlecker.

Qualität. Die Gehalte an Eiweiß, Mineralstoffen, Vitaminen und Ballaststoffen in den kleinen Körnern sind sehr hoch. Auch Buchweizen liefert hochwertiges Eiweiß, vor allem die Aminosäuren Lysin und Tryptophan. Lysin ist unter anderem für den Knochen- und Kollagenstoffwechsel wichtig. Tryptophan ist eine Vorstufe des »Glückshormons« Serotonin (siehe Seite 13).

Die Quinoa-Pflanze schützt sich vor Schädlingen durch bitter schmeckende Saponine, die in der Samenschale stecken. Bei Kleinkindern können sie die Blutzellen schädigen und die Darmschleimhaut reizen. Dadurch können Schadstoffe und Allergene leichter durch die Darmwand hindurch ins Blut gelangen. Bei Kleinkindern ist das Verdauungssystem noch nicht ausgereift. Daher sind die Saponine bei ihnen problematisch. Im Falle einer Darmentzündung können sie auch für Erwachsene gesundheitsschädlich werden. Kinder ab 2 Jahren und gesunde Erwachsene können Quinoa aber ohne Bedenken genießen. Im Handel erhältliche Quinoa ist weitgehend saponinfrei. Wer Quinoa kurz mit heißem Wasser wäscht, geht auf Nummer sicher. In der Flowfood-Ernährung empfehlen wir Quinoa besonders dann, wenn sie von den Kleinbauern in den Andenländern biologisch angebaut und über den Fairen Handel vertrieben oder hierzulande angebaut wird.

Mithilfe von heißem Wasserdampf und großem Druck werden aus den kleinen Quinoa- und Amarantkörnern köstliche Zutaten für Energiebällchen und Powerriegel. Gepuffte Quinoa und gepuffter Amarant schmecken aber auch im Müsli, Frühstücksbrei oder in einem Smoothie.

Dinkel und **Hafer** sind die klassischen Getreidearten aus Europa, die als Flowfood richtig punkten. Jahrhundertelang hatte der Dinkel gegenüber dem Weizen das Nachsehen und war fast in Vergessenheit geraten. Inzwischen ist Dinkel jedoch wieder ein beliebtes Brotgetreide. Im Vergleich zu Weizen ist die Verarbeitung von Dinkel aufwendiger, denn seine Körner werden von einem Spelz umschlossen, der sich nur durch ein besonderes Verfahren entfernen lässt. Bei den Inhaltsstoffen ähnelt Dinkel dem Weizen, allerdings punktet Dinkel mit einem deutlich höheren Proteingehalt. Auch bei Niacin, einem Vitamin der B-Gruppe, und den Mineralstoffen Magnesium, Zink und Eisen ist Dinkel dem Weizen überlegen, besonders dann, wenn das volle Korn vermahlen wird. Denn die wertvollen Inhaltsstoffe sitzen nicht im Mehlkern, sondern in den Randschichten und im Keimling.

Interessant für alle, die auf Weizen mit Unverträglichkeiten reagieren: Dinkel wird häufig ohne Beschwerden vertragen und kann eine brauchbare Alternative zu Weizen sein. Dies gilt aber ausdrücklich nicht bei Glutenunverträglichkeit.

Der Hafer ist der Primus unter den Getreidearten. Mit sieben Prozent weist Hafer zwar zwei- bis dreimal so viel Fett auf wie Weizen, überzeugt aber durch ein günstiges Verhältnis von der einfach ungesättigten Ölsäure zur mehrfach ungesättigten Linolsäure. Auch mit seinem Eiweißgehalt von 12 bis 20 Prozent und einer hohen biologischen Wertigkeit läuft er anderen Getreidearten den Rang ab. B-Vitamine sowie das fettlösliche Vitamin E sind überdurchschnittlich vorhanden. Besonders wertvoll machen den Hafer vor allem seine Ballaststoffe. Sie können den Cholesterinspiegel senken, den Blutzuckeranstieg bremsen und bei Magen-Darm-Beschwerden helfen.

Eiweiß für den richtigen Flow

Auch wenn wir hierzulande dank einer guten Ernährungslage einen echten Eiweißmangel nicht zu befürchten haben, lohnt sich der prüfende Blick auf die Eiweißzufuhr. Oft sind mangelnde Leistungsfähigkeit, Lustlosigkeit oder eine hohe Infektanfälligkeit mit einer schlechten Eiweißversorgung zu erklären.

Grundsätzlich sollte der Eiweißbedarf über natürliche Lebensmittel gedeckt werden. In besonderen Situationen wie beim Krafttraining (Symbol »Body K«), in der Regenerationsphase (Symbol »Body R«), nach intensivem Sport und sogar bei anstehenden hohen geistigen Anforderungen (»Symbol Brain«) kann der Einsatz spezieller Eiweißpräparate wie Pflanzen-Proteinpulver sinnvoll sein.

Die biologische Wertigkeit eines Eiweißlieferanten ist nicht in jeder Situation das Maß der Dinge. Vor, während und vor allem nach einer körperlichen oder geistig fordernden Aktivität kann der Verzehr spezieller Aminosäurekombinationen oder Eiweiße durchaus ratsam sein. Da so aber nicht alle essentiellen Aminosäuren aufgenommen werden, ist die biologische Wertigkeit des gewählten Eiweißes gering. Dennoch sind diese Aminosäuren bzw. spezielle Eiweiße wie Molkenprotein, Erbsen-, Hanf- oder Lupinenprotein besonders in der Regeneration hoch wirksam. Lebensmittel, die reich an essentiellen Aminosäuren und leicht verdaulich sind, können unmittelbar vor, während und nach anstrengenden Aktivitäten vorteilhaft für die Erholungsfähigkeit, den Erhalt der Muskelmasse und die Aufrechterhaltung der Immunfunktion sein. Milchproteine sowie die in den Rezepten ab Seite 43 verwendeten pflanzlichen Proteinpulver stehen im Blut besonders schnell zur Verfügung. Sie sind daher für den Regenerationsprozess gut geeignet.

Hanf-Eiweißpulver entsteht bei der Herstellung von Hanföl. Für die Ölherstellung werden die Samen der Hanfpflanze nach der Ernte gereinigt, geschält und anschließend gepresst. Ein Nebenprodukt der Herstellung von Hanföl ist ein eiweißreicher Presskuchen. Für die Herstellung des Hanf-Eiweißpulvers wird dieser noch einmal gemahlen und gesiebt. Das Eiweißpulver ist reich an lebensnotwendigen Aminosäuren, Ballaststoffen sowie an den Mineralstoffen Magnesium und Zink.

Das **Lupinen-Eiweißpulver** wird aus den Samen der Süßlupine hergestellt. Lupinen gehören zur Familie der Hülsenfrüchte und werden in Süd- und Mitteleuropa und auch bei uns angebaut. Das Eiweißpulver enthält alle essentiellen Aminosäuren und besitzt einen Proteingehalt von über 40 Prozent. Weiterhin zeichnet sich das Pulver durch einen hohen Gehalt an ungesättigten Fettsäuren aus. Es bereichert als Flowfood-Zutat die Energieböllchen auf Seite 59 und kann gut für Smoothies und Proteinshakes verwendet werden.

Erbsen-Eiweißpulver ist relativ leicht verdaulich, zudem gut verträglich und für die glutenfreie Küche gut geeignet. Es ist reich an essentiellen Aminosäuren und zahlreichen Mineralstoffen, wie zum Beispiel Eisen. Für die Herstellung des Proteinpulvers werden die Erbsen zunächst vermahlen. Anschließend wird das Protein vom Erbsenmehl getrennt und danach schonend getrocknet. Als Flowfood-Zutat lässt es sich sowohl für Energiebällchen und Riegel, aber auch für Waffeln und Pancakes verwenden. In Shakes hat es den Vorteil, nicht zu stark einzudicken – gut für alle, die weniger sämige Getränke schätzen.

GUT ZU WISSEN: Bei der Basis-Eiweißversorgung spielt neben der Quantität vor allem die Qualität eine große Rolle. Diese wird auch als biologische Wertigkeit bezeichnet. Sie gibt durch die enthaltenen Mengen der unterschiedlichen essentiellen Aminosäuren deren Potential für den Ersatz körpereigener Eiweiße an. Aktuellere Kriterien zur Beurteilung der Eiweißqualität, wie der *Protein Digestibility-Corrected Amino Acid Score (PDCAAS),* berücksichtigen zudem noch die Verdaubarkeit der einzelnen Eiweißbausteine des Lebensmittels. Allgemein gilt: Tierische Eiweißquellen sind in dieser Hinsicht hochwertiger als pflanzliche. Die höchste Eiweißqualität eines einzelnen Lebensmittels besitzt das Hühnerei. Aber durch die Kombination von tierischen und pflanzlichen Eiweißquellen (beispielsweise Müsli aus Milchprodukten und Getreide) wird die Eiweißqualität einer Mahlzeit deutlich erhöht. Auch eine Kombination aus Getreide und Hülsenfrüchten sorgt für eine hohe biologische Wertigkeit.

Die Flowfood-Süßungsmittel

Bei den Rezepten ab Seite 43 haben wir uns aus küchentechnischen und ernährungsphysiologischen Gründen vor allem auf fünf natürlich süßende Lebensmittel konzentriert: Kokosblütensirup, Kokosblütenzucker, Honig, Roh-Rohrzucker und Agavendicksaft. Je nach persönlichen Vorlieben und Essgewohnheiten können auch andere Süßungsmittel verwendet werden. Dabei können sich aber die Konsistenz der Snacks und die Nährstoffzusammensetzung verändern.

Die Herstellung von **Agavendicksaft** ähnelt der Herstellung anderer Zuckerarten. Hier wird der Saft der Agaven abgezapft und zu Sirup eingekocht. Je dunkler seine Farbe, desto intensiver sein Karamellaroma. Seine Süße erhält der Agavendicksaft aus seiner Mischung von Fruktose und Glukose. Durch den relativ hohen Fruktosegehalt hat er einen der niedrigsten Werte für den Glykämischen Index unter den süßenden Lebensmitteln. Dieser Aspekt sowie der bei allen unraffinierten Produkten gegenüber dem raffinierten Haushaltszucker etwas höhere Gehalt an Mineralstoffen, Spurenelementen und Sekundären Pflanzenstoffen führt dazu, dass er als »gesunder Zuckerersatz« angepriesen wird. Aber auch Agavendicksaft sollte wie alle Süßungsmittel nur in Maßen verwendet werden. Wird er zum Backen, wie z. B. für die Rote-Bete-Waffeln auf Seite 135, benutzt, sollte beachtet werden, dass der relativ hohe Fruktosegehalt zu einer schnelleren und intensiveren Bräunung führt als bei der Verwendung von Haushaltszucker.

Nirgendwo auf der Welt wird pro Kopf so viel **Honig** verzehrt wie hierzulande. Die Folge: Die Nachfrage ist erheblich größer als das mögliche Angebot von einheimischen Imkern. Bei heimischem wie importiertem Honig sollte auf die artgerechte Bienenhaltung und schonende Verarbeitung Wert gelegt werden, bei Importhonig sind auch faire Handelsbedingungen ein wichtiges Auswahlkriterium.

Ganz gleich, wo auf der Welt die Bienen unterwegs sind: Für 500 g Honig muss das Bienenvolk sehr aktiv sein. So werden für 1 kg Honig rund 3 Liter Nektar benötigt, die in rund 100.000 Flugeinsätzen von den Bienen gesammelt werden. Dazu werden rund 5 Millionen Blüten angeflogen – und dabei bestäubt.

Aufgrund der wertvollen Inhaltsstoffe ist Honig ein beliebtes Lebensmittel und ein bewährtes Hausmittel gegen eine Vielzahl von kleineren Erkrankungen. Bisher wurden im Honig über 240 natürliche Substanzen nachgewiesen, neben zahlreichen Zuckerarten (wie Glukose, Fruktose, Maltose) und Aminosäuren auch eine Vielzahl an Aromastoffen, Enzymen, Vitaminen und Mineralstoffen. Allerdings variieren die Konzentrationen der einzelnen Inhaltsstoffe je nach Pflanze, die die Biene angeflogen ist, um den Nektar zu sammeln, sowie nach Standort, Jahreszeit und Verarbeitung. Hierzulande gibt es über 100 verschiedene Honigsorten mit unterschiedlichen Bezeichnungen. Die Honigsorten unterscheiden sich dabei sowohl durch ihren Namen als auch durch ihre Eigenschaften wie Farbe, von fast farblos bis dunkelbraun, und Geschmack, von lieblich süß und mild bis kräftig würzig. Im Allgemeinen sind helle Honigsorten meist mild und schmecken angenehm süß, während dunkle Sorten meist kräftiger im Geschmack sind und dafür weniger süß.

Der **Kokosblütensirup** wird aus dem Blütennektar der Kokospalme gewonnen. Er wird nach traditioneller Art auf offener Flamme eingekocht, bis er eine zähflüssige Konsistenz aufweist. Danach wird er in Flaschen abgefüllt. Kokosblütensirup hat einen fruchtig karamelligen Geschmack und eine cremige Konsistenz.

Auch der **Kokosblütenzucker** wird aus dem Blütennektar der Kokospalme gewonnen. Er wird nach traditioneller Art eingedickt, getrocknet und gemahlen. Er ist somit ein sehr naturbelassener Zucker, weder raffiniert noch gebleicht. Er ist streufähig und fast genauso süß wie Haushaltszucker. Er kann deshalb genauso wie Haushaltszucker dosiert werden und hat den gleichen Energiegehalt. Geschmacklich erinnert der Kokosblütenzucker eher an Karamell als an eine Kokosnuss.

Für die Herstellung von **Roh-Rohrzucker** ist Zuckerrohr, das in tropischen Ländern angebaut wird, das Ausgangsprodukt. Dieses wird in einem ersten Verarbeitungsschritt zerkleinert und bei mindestens 70 °C entsaftet, der Saft dann eingedickt, getrocknet und gemahlen. Das Ergebnis ist der Vollrohrzucker. Beim Vollrohrzucker bleibt die Melasse vollständig mit ihren natürlichen Mineralstoffen und Vitaminen erhalten. Für den Roh-Rohzucker wird der Rohsaft durch langsames Erhitzen noch weiter eingedickt, bis sich Zuckerkristalle bilden, die dann einmal raffiniert werden. Im Gegensatz zur vollständigen Raffination bleibt ein Teil der Melasse erhalten, die für die leicht bräunliche Farbe und den leichten Karamellgeschmack verantwortlich ist.

GUT ZU WISSEN: Der Glykämische Index (GI) wird als Richtwert angegeben, um den unterschiedlichen Einfluss kohlenhydrathaltiger Lebensmittel auf den Blutzucker- und Insulinspiegel zu klassifizieren. Als Referenzwert (100) dient die Dauer und Höhe des Blutzucker-Anstiegs nach Verzehr von 50 g Traubenzucker. Ein GI von 50 sagt damit aus, dass nach Verzehr von 50 g Kohlenhydraten dieses Lebensmittels der Anstieg des Blutzuckerspiegels nur halb so groß ist wie nach dem Verzehr von Traubenzucker. Ein GI bis 50 gilt als niedrig, ein Wert über 70 als hoher GI. Je höher der Wert, umso mehr Insulin wird im Körper ausgeschüttet und umso mehr wird der Fettstoffwechsel gehemmt.

▶ Roh-Rohrzucker, Honig, Kokosblütenzucker und Agavendicksaft (Foto oben v. li.) werden für die Powersnacks ab Seite 43 bevorzugt als Süßungsmittel verwendet. Unterwegs verhindern die schnell verfügbaren Kohlenhydrate in den Energiebällchen (Foto unten), dass der Flow bei körperlicher und geistiger Anstrengung verloren geht.

Mehr als nur Aroma: Gewürze und Kakao für den Flow

Kakao und edle Gewürze bereichern die Flowfood-Küche mit ihren Farb- und Aromastoffen und einer Vielzahl gesundheitsfördernder Eigenschaften.

Ingwer sollte in der Flowfood-Speisekammer nicht fehlen. Die kleinen Wurzelstöcke werden von einer schilfartig wachsenden Pflanze gebildet. Ihre korkigen Schalen sollten beim Einkauf noch fest und glatt sein, dann sind die Knollen wirklich frisch. Kandierter Ingwer ist pur oder als Zutat für Energiebällchen wie die Apfel-Ingwer-Kugeln auf Seite 51 ein leckerer Snack. Frischer Ingwer bringt eine angenehme Schärfe und ein Bündel an wertvollen Inhaltsstoffen mit. Die Knolle enthält Mineralstoffe wie Kalium und Magnesium, B-Vitamine, ätherische Öle und Scharfstoffe wie Gingerol. Ingwer bringt den Stoffwechsel und die Verdauung in Schwung, hilft gegen Übelkeit und soll antientzündlich wirken.

Kakaonips gewinnt man aus Rohkakao: Nach der Ernte werden die Kakaobohnen zur Gärung gebracht und einer mehrtägigen Fermentation ausgesetzt. Dabei entwickeln sie ihr einzigartiges Aroma. Anschließend werden sie gesäubert, getrocknet, geschält und in kleine Stücke gebrochen. Sie haben einen herb bis leicht bitteren Geschmack mit einer leichten Kakaonote. Durch das schonende Herstellungsverfahren enthalten Kakaonips mehr wertvolle Inhaltsstoffe des Kakaos als übliche Schokolade. Dazu zählen Eisen, Magnesium, Calcium, ungesättigte Fettsäuren, Antioxidantien und Ballaststoffe. Ein großer Vorteil ist, dass sie ohne Zucker und Milch auskommen. Auch wenn die rohen Kakaostückchen ohne zusätzlichen Zucker hergestellt werden, sind diese nicht gerade kalorienarm. In 100 g stecken rund 600 kcal. Da allerdings in Flowfood-Rezepten selten mehr als 10 g Kakaonips eingesetzt werden, relativiert sich der Energiegehalt. Erhältlich sind die aromatischen Stückchen in Fachgeschäften des Naturkost- und des Fairen Handels.

Kurkuma zählt zu der Familie der Ingwergewächse und wird deshalb auch als Gelber Ingwer, Safranwurzel oder Gelbwurz bezeichnet. Es handelt sich um eine mehrjährige Pflanze, deren Wurzel intensiv gelb ist. Die Wurzelknolle der Pflanze wird frisch oder getrocknet als Gewürz verwendet. Es ist Hauptbestandteil des Currypulvers. Die kräftige gelbe Farbe wird durch Curcumin hervorgerufen. Dieser Sekundäre Pflanzenstoff zählt zu der Gruppe der Polyphenole. Vor allem in Indien wird die Pflanze als Heilmittel angesehen. Das Wirkungsspektrum reicht von antibakteriell, entzündungshemmend, antioxidativ und schmerzlindernd bis hin zu immunmodulierend und stimmungsaufhellend – für Flowfood ideal!

Vanille stammt ursprünglich aus Mittelamerika. Heute wird sie rund um den Indischen Ozean, vor allem auf Madagaskar, angebaut. Weil dort aber die passenden Insekten fehlen, erfolgt die Bestäubung in Handarbeit. Echte Vanille ist nicht gelb, wie der Pudding aus Kindertagen glauben lässt. Die Fruchtkapseln der Orchideenpflanze werden durch ein langes und aufwendiges Trocknungs- und Fermentierungsverfahren tiefschwarz. Dabei erst entstehen das Vanillin und viele weitere Aromastoffe, die den Schoten ihr unvergleichliches Aroma geben. Vanille soll stimmungsaufhellend wirken. Die Schoko-Bananen-Riegel von Seite 97 oder die Pancakes von Seite 112 sind auch in dieser Hinsicht einen Versuch wert.

Zimt zählt zu den ältesten Gewürzen der Welt. Hergestellt wird es aus den äußeren Schichten der Rinde verschiedener Zimtbäume. Bei der Trocknung rollt sich die Rinde ein und der Zimt erhält sein typisches Aussehen. Besonders aromatisch ist der Ceylon-Zimt aus Sri Lanka. Er enthält deutlich weniger Kumarin, ein Aromastoff, der in größeren Mengen gesundheitlich bedenklich ist, als der Cassiazimt. Das Gewürz ist reich an ätherischen Ölen (75 Prozent Zimtaldehyd), aber auch an wertvollen Mineralstoffen wie Natrium, Kalium, Magnesium, Eisen und Zink sowie an den Vitaminen B_2, Niacin und B_6. Mit seinem besonderen Aroma bereichert Zimtpulver in den Rezepten ab Seite 43 Müsliriegel, Reisbällchen, Hefegebäck und Shakes.

powered by
GESUNDHEIT

Flowfood im Praxistest

»Iss nicht so viel Süßes.« Diesen Satz haben die meisten schon einmal gehört, meist in jungen Jahren von jeglicher Art Erziehungsberechtigter. Auch wer ihn damals bewusst ignoriert hat, sollte sich diese Empfehlung heute bei der Wahl seines Energieriegels und Gels zu Herzen nehmen. Denn je nachdem, wie gut der Riegel, das Gel oder das Energiebällchen in den persönlichen, aktiven Alltag passt, werden die erwünschte, hohe Leistungsfähigkeit und der Flow mal mehr, mal weniger »entriegelt«.

Powersnacks für Energie und Ausdauer

Ein Hungerast während eines Marathons war Auslöser für die kleinen Energiepakete, die seit mehr als einem Vierteljahrhundert Sportlerinnen und Sportler bei Training, Wettkampf, Regeneration oder der Carboloadingphase unterstützen. Denn aus dieser Erfahrung heraus entwickelte der kanadische Läufer Brian Maxwell 1983 den ersten Energieriegel, den Powerbar.

Wird eine konstante Energieversorgung für den gewünschten Flow gesucht, die praktikabel, handlich und überall verfügbar ist, scheidet die selbst geschmierte Stulle meistens aus. Auch kann oft nicht direkt während der Aktivität oder an der Sportstätte auf eine sport- und fitnessgerechte Hauptmahlzeit zurückgegriffen werden. Hier können die Flowfood-Rezepte, ob als Energieriegel, Bällchen oder Gel, eine echte Hilfe sein. Bei längeren Touren, ob mit dem Mountainbike oder Rennrad, beim Wandern oder Trailrunning, gehören sie für alle Sportlerinnen und Sportler zu den ständigen Begleitern, um dem größten Feind, dem möglichen Hungerast, den Garaus zu machen.

Flowfood-Energiesnacks sind für all diejenigen gedacht, die während anstrengender Aktivitäten – sei es beim Sport, auf der langen Wanderrunde oder im Wettkampf selbst, bei körperlicher Arbeit, im Garten oder Heimwerken – viel kompakte Energie für die schnelle Versorgung der Muskulatur und des Gehirns benötigen. Auch diejenigen, die viel unterwegs sind und keine Möglichkeit für die sofortige Zubereitung einer Hauptmahlzeit nach anstrengenden körperlichen oder geistigen Aktivitäten haben, profitieren. Und die Powersnacks eignen sich hervorragend beim Sport für Zwischendurch als Nährstoff- und Kohlenhydratlieferant. Ihre wichtigsten Bestandteile sind schnell verfügbare und leicht verdauliche Kohlenhydrate sowie eine hochwertige Eiweißkomponente. Direkt vor der Aktivität verzehrt, können sie einen niedrigen Blutzuckerspiegel auf ein belastungsfreundliches Niveau anheben. Beim Sport selbst oder anderer anstrengender Aktivität stabilisieren sie den Blutzuckerspiegel, unterstützen so effektiv die Leistungsfähigkeit und senken das Belastungsempfinden.

Snack ist nicht gleich Snack

Im Grunde verbietet es sich, von *dem einen* Sport- oder Energieriegel, -bällchen oder -gel zu sprechen. Neben der grundsätzlichen Unterscheidung in kohlenhydrat- oder eiweißbetont gibt es Vor-Aktivitätssnacks, deren Einsatzgebiet vor dem Wettkampf, dem Spiel oder anderen anstrengenden Aktivitäten liegt. Es gibt Aktionssnacks, die direkt bei intensiver körperlicher oder geistiger Aktivität und beim Sporttreiben verzehrt werden sollen. Und es gibt spezielle Riegel & Co. für die Regeneration. Lecker sind viele, daher werden sie auch gern zwischendurch, am Arbeitsplatz oder im Auto verzehrt.

Je nach Einsatzbereich variiert die empfehlenswerte Zusammensetzung. Wer den ganzen Tag im Garten aktiv ist und genussorientiert lebt, wird größeren Wert auf Geschmack und möglichst natürliche Zusammensetzung legen als leistungsorientiert Trainierende. Bei diesen stehen funktionelle Aspekte, d. h. die Kohlenhydrat- und Eiweißversorgung und deren Verfügbarkeit, im Vordergrund. Dabei gilt, je näher der Snack in zeitlicher Nähe zum Sport oder zu anstrengender körperlicher und geistiger Aktivität verzehrt wird und je intensiver die geplante Aktivität, umso leichter sollten die Kohlenhydrate verfügbar sein und umso weniger Fett sollte er aufweisen. Für Wettkampf-Snacks sind beispielsweise Werte von weniger als 15 kcal% Fett empfehlenswert.

Snacks für leistungsorientierte Ausdauersportlerinnen und -sportler sind meist stark kohlenhydratbetont. Deutlich mehr als Zweidrittel der Energie sollte aus Kohlenhydraten stammen, weniger als ein Fünftel aus Fett. Bei der Lebensmittelwahl sind diese Werte nicht ganz einfach zu berechnen, da die Nährwertangaben bei kommerziellen Snacks auf der Verpackung in Gramm (g) angegeben werden und daher noch in Energieprozent umgerechnet werden müssen. Bei unseren Rezepten ab Seite 43 fällt die Auswahl leicht, durch die Prozentangaben (kcal%) sind die Nährwertrelationen einfach abzulesen.

Ist eine Aktivität von deutlich länger als 90 Minuten geplant, kann ein nennenswerter Eiweißanteil im Snack hilfreich sein. Die meisten Regenerationssnacks enthalten Eiweiß oder spezielle Aminosäuren. Kleine Mahlzeiten für Kraftsportlerinnen und -sportler oder für das allgemeine Krafttraining weisen weniger bis nahezu keine Kohlenhydrate, dafür viel Eiweiß auf. Im Rezeptteil sind die entsprechend gut geeigneten Rezepte mit »Body K« für Kraftsport, »Body D« für Ausdauersport, »Body V«und »Body W« für die Eignung direkt vor und im Wettkampf sowie mit »Body R« für die Regeneration gekennzeichnet. Auf den Seiten 46 und 47 werden diese Symbole genauer erklärt.

Was drin sein sollte – und was nicht

Der »Öko-Riegel« Banane liefert ungefähr 20 g je nach Reifegrad mehr oder weniger schnell verfügbare Kohlenhydrate pro Stück. Spezielle Energieriegel und -gels können fast auf die dreifache Menge kommen. Sport- oder Energiesnacks sind im Vergleich zu Schokoriegeln fettarm. Ein nennenswerter Eiweißgehalt ist vor allem für den Einsatz während der Regeneration sinnvoll (im Rezeptteil mit »Body R« gekennzeichnet). Für den Aktionsflow ideal ist ein Fettgehalt unter 40 kcal%.

Je nach Zielsetzung sollte der Energieanteil aus Kohlenhydraten bei langsamen, ausdauerorientierten Aktivitäten etwa 50 Prozent ausmachen, werden die Snacks im Wettkampf verwendet, sollten es deutlich über 60 Prozent sein. Bei anstrengenden Aktivitäten ist auch die Kohlenhydratqualität wichtig, günstig ist eine Kombination mittel- bis langfristig verfügbarer Kohlenhydrate durch z. B. Hafer mit schnell verfügbaren Kohlenhydraten aus Trockenfrüchten, Zucker bzw. Sirupen oder Honig. Durch diese Nährstoffkombination wird die Gesamtaufnahme der Kohlenhydrate gesteigert, da sie auf unterschiedliche Art und Weise vom Körper aufgenommen werden.

In kommerziellen Sportriegeln, Energiebällchen und Powergels sind oft zugesetzte Vitamine und Mineralstoffe zu finden. Sie dürfen dann herausgelobt und in der Nährwerttabelle angegeben werden, wenn ihr Gehalt mindestens 15 Prozent der Tageszufuhrempfehlung pro Portion beträgt. Während schweißtreibender Aktivitäten sind diese Zusätze – bis auf Salz bzw. Natrium – unnötig. Große Mengen von Mineralstoffen wie beispielsweise Calcium und Magnesium oder zahlreiche Vitamine machen während des Sports für die Zielsetzung »Energienachschub« wenig Sinn. Wird der Snack aber als Zwischenmahlzeit oder für die Regeneration verzehrt, kann er zur Bedarfsdeckung bei diesen wichtigen Nährstoffen beitragen. Auch bei unseren Rezepten sind die Snacks, die reich an bestimmten Vitaminen oder Mineralstoffen sind, gesondert gekennzeichnet.

Ballaststoffe sind für den Verzehr in Ruhe zwischendurch eine tolle Sache. Und Vollkorngetreide hat eine höhere Nährstoffdichte als helle Mehle. Bei intensiver körperlicher Aktivität und beim sportlichen Wettkampf kann Vollkornmehl aber den Magen-Darm-Trakt belasten und zu Unverträglichkeitsreaktionen führen. Wenn Vollkornmehle bei intensiver Belastung nicht vertragen werden, können bei den entsprechenden Rezepten für Waffeln, Pfannkuchen oder anderes Kleingebäck niedrig ausgemahlene, helle Mehle verwendet werden. Auch ein hoher Fettgehalt ist während des Sports meist störend. Am Schreibtisch kann damit aber ein sinnvoller Beitrag für die Versorgung mit ungesättigten Fettsäuren geleistet werden, beispielsweise mit Snacks, die Sesam oder Chiasamen enthalten.

Künstliche Aromen, Säureregulatoren oder Konservierungsstoffe sollten auf der Zutatenliste von Powersnacks möglichst nicht zu finden sein. Viele kommerziell angebotene Energie-Lebensmittel bringen aber verschiedenste Aromen, Emulgatoren, Säuerungs- und Feuchthaltemittel sowie Farbstoffe mit. Hier muss selbst entschieden werden, ob der Funktionalität oder der Natürlichkeit der Vorrang gegeben werden soll. Selbst gemachtes Flowfood kommt gut ohne Zusatzstoffe aus.

4,1 kcal wirken nicht immer gleich

Die Wirkung von unterschiedlichen Kohlenhydraten auf den Körper ist trotz identischem Energiegehalt von 4,1 kcal pro g höchst unterschiedlich. Neben der verzehrten Menge entscheidet auch die Art der Kohlenhydrate, ob sie zum Erreichen individueller Zielsetzungen in der Freizeit, im Beruf oder beim Sport und zum erwünschten Flow beitragen. Entscheidend für den situationsspezifischen Einsatz der unterschiedlichen Kohlenhydrate während der Aktivität ist ihre Wirkung auf den Blutzuckerspiegel. Bei den meisten Aktivitäten werden die Kohlenhydrate in Form von Riegeln, Bällchen und Gels nahezu isoliert verzehrt. Es kommt bei der Blutzuckerwirkung nur zu geringen Beeinträchtigungen durch andere Nahrungsbestandteile. Daher sind Menge und Art der Kohlenhydrate im Snack wichtige Parameter, um den Einsatzbereich während der Aktivität festzulegen.

Oft heißt es: mittel- und langkettige Kohlenhydrate wie Stärke oder Mehl gehen langsam ins Blut, kurzkettige Kohlenhydrate wie Trauben- und Haushaltszucker stehen sehr schnell zur Verfügung. Diese Angaben sind so jedoch nicht haltbar. Der gewöhnliche Haushaltszucker (kurze Kette, da Zweifachzucker) hat eine langsamere Verfügbarkeit und geringere Wirkung auf den Blutzuckerspiegel als dieselbe Menge Maltodextrin (langkettiges Oligo- bis Polysaccharid), während Fruchtzucker als Einfachzucker sogar eine sehr langsame Wirkung auf den Blutzucker aufweist.

Ein starker Blutzuckeranstieg durch Snacks ist im Wettkampf und beim Training mit hoher Intensität erwünscht. Bei Intensitäten von mehr als 80 Prozent der individuellen maximalen Sauerstoffaufnahme (VO_2max) kommt es aufgrund der Stresshormonausschüttung nicht zu einer starken Insulinfreisetzung. Daher sind süße Flowfood-Snacks während intensiver Aktivitäten und im Wettkampf eine sinnvolle Energiequelle. Bei den Rezepten ab Seite 43 sind Snacks für diese Situationen durch die Symbole »Body V«, »Body W« sowie »Body D« gekennzeichnet.

Beim Fettstoffwechseltraining und bei niedriger Intensität wird aber Insulin freigesetzt. Die Fettverbrennung wird durch Riegel, Bällchen und Gels mit schnell verfügbaren Kohlenhydraten beeinflusst. Reaktiv kann der Blutzucker gesenkt werden, und es kommt zu einem erhöhten Belastungsempfinden mit vermindertem Flow. Kohlenhydratarme Snacks, die weniger als 5 g Kohlenhydrate pro Portion enthalten (Symbol »Body F«), und Snacks mit speziellen Kohlenhydraten wie Fruchtzucker sind in dieser Situation als Energiequelle gut geeignet.

Low Carb für unterwegs: Apfel-Ingwer-Kugeln (siehe Seite 51).

Der **Fruchtzucker** (Fruktose) kommt natürlicherweise in Obst und Honig vor. Er ist einer der beiden Teile des Zweifachzuckers Saccharose (= Haushaltszucker). Der andere Teil ist Glukose (Traubenzucker). Fruktose wird dank ihrer starken Süßkraft oft zum Süßen von Getränken verwendet. Fruktose wird individuell sehr unterschiedlich, aber immer deutlich langsamer als Glukose über den Darm aufgenommen. Daher kann sie leicht in untere Darmabschnitte gelangen, dort Wasser binden und bereits in Mengen ab 20 g pro Mahlzeit zu Durchfall führen.

Werden Frucht- und Traubenzucker bei der Aktivität gleichzeitig verzehrt, steht etwa 20 Prozent mehr Energie pro Zeiteinheit für einen hohen Kohlenhydratbedarf bei sehr langen Aktivitäten von mehr als 90 Minuten Dauer bzw. für ein schnelles, intensives Training zur Verfügung. Muss viel schnell verfügbare Energie in möglichst kurzer Zeit verfügbar sein, ist es gut, wenn beide Zuckerarten im Snack kombiniert werden, um weiterhin im Flow zu bleiben.

Haushaltszucker (Saccharose), auch Kristallzucker oder einfach nur Zucker genannt, ist ein Zweifachzucker aus je einem Teil Traubenzucker und Fruchtzucker. Im Gegensatz zur landläufigen Meinung besitzt Saccharose »nur« eine mittlere Blutzucker steigernde Wirkung. Hier kommt ihr Fruchtzuckeranteil zum Tragen. Allerdings ist die Energieverfügbarkeit des Zweifachzuckers geringer, als wenn beide beteiligten Zuckerarten in derselben Dosierung als Einfachzucker verzehrt werden.

Maltodextrin wird aus Stärke gewonnen und ist ein wasserlösliches Kohlenhydratgemisch aus unterschiedlich langen Glukoseketten: Glukose, Maltose, Oligo- bzw. Polysacchariden (Mehr- oder Vielfachzucker). Es weist eine sehr starke Wirkung auf den Blutzuckerspiegel auf und besitzt im Gegensatz zur reinen Glukose bei identischer Energiemenge eine deutlich geringere Wasserbindung im Darm. Mit Maltodextrin kann viel Energie aufgenommen werden, ohne dass das Risiko von Magen-Darm-Unverträglichkeiten zunimmt. In einigen kommerziell angebotenen Energieriegeln und -gels wird Maltodextrin als Glukose-Komponente mit Fruchtzucker kombiniert, um eine maximale Kohlenhydratmenge pro Zeiteinheit zur Energiebereitstellung zu realisieren. Beim Quittenbrot (Seite 102) und in verschiedenen Powergels (ab Seite 148) wird Maltodextrin 12 als Zutat verwendet. Es ist gut verträglich und hat eine geringe Süßkraft. Die Gels haben deshalb trotz hohem Kohlenhydratanteil einen angenehmen Geschmack. Anhand der Ziffer (12) lässt sich ablesen, in welchem Verhältnis kurz- und langkettige Kohlenhydrate enthalten sind. Auch Maltodextrin 6 und 19 werden im Fitnessbereich verwendet. Für die glutenfreie Ernährung wird Maltodextrin aus Maisstärke angeboten.

Kohlenhydrate für die Funktionalität

Für leistungsorientierte Sportlerinnen und Sportler sowie in der direkten Vorbereitung und beim Blick auf den gewünschten Flow bei einer langen Wettkampfstrecke, sei es beim Laufen, Radfahren, Triathlon, Schwimmen oder Inlineskaten, werden deutlich mehr als 5 g Kohlenhydrate pro kg Körpergewicht und Tag empfohlen. Für die Kohlenhydrataufladung, auch Carboloading genannt, und bei mehreren Trainingseinheiten am Tag sind in der Literatur sogar Kohlenhydratmengen von bis zu 12 g Kohlenhydrate pro kg Körpergewicht und Tag genannt. Das ist nur mit konzentrierten Kohlenhydraten, wie sie in Riegeln, Bällchen und Gels enthalten sind, für den Verdauungstrakt verträglich zu bewerkstelligen.

Mit ausgewählten, hier vorgestellten Flowfood-Rezepten lässt sich der Kohlenhydratanteil der Gesamternährung leicht und schmackhaft anheben, z. B. beim Carboloading oder in harten Trainingsphasen. So sind über den Tag verteilt schnell vier Bällchen, Riegel oder Gels verdrückt, was die Tages-Kohlenhydratbilanz um mehr als 100 g Kohlenhydrate erhöhen kann und den lang andauernden Flow nachhaltig unterstützt. Eine gute Orientierung bei der Auswahl der passenden Snacks geben die Symbole »HighCarb«, »Body V«, »Body W« und »Body D«.

Ziele kennen, Flowfood-Snack wählen

Viele der ab Seite 43 vorgestellten Snacks sind für Aktive in den unterschiedlichsten Situationen gut geeignet. Sie bieten eine große geschmackliche Vielfalt und enthalten unterschiedliche Inhaltsstoffe, die je nach Zielsetzung der Trainingseinheit und der Belastungsart gewählt und sinnvoll eingesetzt werden können. Auch Geschmackspräferenzen und individuelle Verträglichkeit sind wichtige Kriterien für die Wahl des passenden Snacks. Wer weiß, was mit einer körperlichen Aktivität erreicht werden soll, kann seine Ziele mit dem richtigen Flowfood unterstützen. Und ein leckerer kohlenhydratreicher Snack mit Schokolade zwischendurch lässt auch nicht sofort die Blutfette steigen. Werden Snacks aber bei geringen Aktivitätsumfängen oft und »en top« genossen, ohne andere kohlenhydratreiche Lebensmittel zu reduzieren, wird nicht die Leistung, sondern mittel- bis langfristig das Blutfett in die Höhe schießen (siehe dazu auch Seite 40).

Mein Sportschuh, mein Trainingsplan, (m)ein Snack?

Flowfood-Snacks als leckere Energielieferanten können sehr gezielt beim Sport sowie bei jeglicher anstrengenden körperlichen und geistigen Aktivität eingesetzt werden. Für Hobbysportlerinnen und -sportler sind sie immer dann empfehlenswert, wenn Kohlenhydrate dringend benötigt werden. Also beispielsweise bei einer wirklich anstrengenden Laufeinheit. Oder wenn beim Radfahren am Berg die Beine früher schlapp machen als erwartet und das kleine Männchen im Ohr ständig fragt, was die »Schinderei« eigentlich bringen soll. Grundsätzlich also immer dann, wenn der Flow bei der Aktivität verloren geht. Hier können Flowfood-Snacks mit schnell verfügbarer und leicht verdaulicher Energie helfen, die Leistungsfähigkeit aufrecht zu erhalten oder einfach mit mehr Spaß durchzuhalten.

Werden kohlenhydratreiche Snacks bereits bei der Aktivität und kurz danach zur schnellen Regeneration verzehrt, darf bei der nächsten Hauptmahlzeit gern zu mehr Salat, Gemüse und fettarmen Proteinträgern gegriffen werden. Riesige Kartoffel-, Nudel- und Reisportionen sowie süße Nachspeisen sind dann nicht mehr nötig. Kohlenhydrate gab es ja schon genug.

Apfel, Walnuss oder Brotpudding (siehe Seite 106)? Kommt auf den Anlass an.

Die Powersnacks ab Seite 43, die mit »HighCarb«, »Body D«, »Brain« oder »Body V« gekennzeichnet sind, liefern ein umfassendes Kohlenhydratspektrum. Lebensmittel, die direkt vor dem Training oder Wettkampf verzehrt werden, sollten neben süßen, schnell verfügbaren auch einen Anteil an langsam verfügbaren Kohlenhydraten aufweisen. Zeitgemäße Flowfood-Kohlenhydrate liefern kontinuierlich Energie. Sie sind ideal, wenn der Fettstoffwechsel auf hohem Niveau aktiv bleiben soll, aber für Koordination, Konzentration und den notwendigen Flow ein angemessener Blutzuckerspiegel sichergestellt werden muss, wie z. B. beim genussvollen Mountainbiken.

Vollkornmehle und Vollkornflocken haben diesen Effekt, können aber bei intensiver körperlicher Aktivität oder während des Sports auch zu Magen-Darm-Problemen führen, vor allem wenn der Magen-Darm-Trakt nicht daran gewöhnt ist. Snacks, die während des Sports verzehrt werden, sollten wegen der besseren Verträglichkeit einen geringeren Vollkornanteil aufweisen. Ihre Kohlenhydrate müssen schnellstmöglich verfügbar sein. Ein hoher Glykämischer Index (siehe Seite 26) ist hier durchaus empfehlenswert, ganz im Gegensatz zu Snacks, die bei der Arbeit, in der Schule oder beim Autofahren den Flow aufrechterhalten sollen. Hier ist ein niedriger bis mittlerer Glykämischer Index wünschenswert.

Das Hochleistungsteam: Kohlenhydrate und Natrium

Leistungsorientierte Sportlerinnen und Sportler, ob im Ausdauer- oder im Spielsport, setzen Snacks wie Riegel, Gels und Waffeln direkt vor hochintensiven oder bei sehr langen Trainingseinheiten sowie zur schnellen Regeneration ein. Da die Aufnahme von schnell verfügbaren Kohlenhydratkombinationen während des Sports selbst beim gut Trainierten auf maximal etwa 90 g pro Stunde begrenzt ist, sollte mit dem Verzehr nicht erst begonnen werden, wenn der Zeiger der muskulären Energiespeicher (= Glykogenspeicher) bereits auf Reserve steht. Wer länger als zwei Stunden unterwegs ist, kann sich von Aktivitätsbeginn an regelmäßig mit kleinen Bissen der kompakten Energielieferanten versorgen. So sind sie auch besser verträglich, als wenn ganze Riegel oder mehrere Bällchen als Einmalportion in größeren Abständen verzehrt werden.

Sinnvoll zusammengesetzte Flowfood-Riegel aus unterschiedlichen Kohlenhydraten sind eine genauso effektive Kohlenhydratquelle wie Flowfood-Bällchen oder -Gels. Eine feste Konsistenz hat keinen Einfluss auf die Geschwindigkeit der Kohlenhydratbereitstellung.

Die aktive Kohlenhydrataufnahme im Darm ist natriumabhängig. Daher ist ein relevanter Natrium- bzw. Salzgehalt der Snacks beim Einsatz während intensiver Aktivitäten sinnvoll, vor allem bei hohen Schweißverlusten. Gewünschter

Nebeneffekt: Mineral- oder Leitungswasser als Getränke sind ausreichend, und es bedarf keiner speziellen natriumhaltigen Sportgetränke zum Ausgleich.

Eiweiß für bessere Verträglichkeit bei intensiver Aktivität

Wer unterwegs oder beim Sport durch das Snacken Verdauungsprobleme bekommt, sollte in regelmäßigen Abständen kleine Bissen einnehmen und die Stückchen lange im Mund aufweichen lassen. Zudem scheint ein relevanter Eiweißanteil von mehr als 5 kcal% während und nach intensiver körperlicher Aktivität magenfreundlich zu wirken. Wer *nach* dem Verzehr mit Magen-Darm-Problemen beim Sport zu kämpfen hat, kann Snacks mit entsprechenden Eiweißanteilen testen. Zudem sollten diese Snacks die mentale und muskuläre Ermüdung während der Aktivität hinauszögern können und damit den Flow aufrechterhalten.

Kohlenhydrate ja, aber...

Selbst die Deutsche Gesellschaft für Ernährung (DGE), die allgemein einen eher hohen Kohlenhydratanteil an der Gesamtenergieaufnahme einfordert, bestätigt in ihrer »Leitlinie Kohlenhydrate«, dass eine kohlenhydratreiche und fettarme Ernährung zu einem Anstieg schlechter Blutfette, der Triglyzeride und VLDL-Lipoproteine, und einer Senkung der guten HDL-Cholesterinwerte führen kann. Besteht Übergewicht, wird dieser Effekt noch verstärkt. Und ein hoher Konsum von Fruktose (Fruchtzucker) scheint bei Inaktiven stärkere negative Auswirkungen als dieselbe Menge Haushaltszucker oder Traubenzucker zu haben. Stärke (beispielsweise in Mehl) führt im Vergleich dazu zu besseren Blutfettwerten.

Belegt ist zudem, dass dieser unerwünschte Effekt beim Gesunden ab 7 g gemischter Kohlenhydrate pro kg Körpergewicht und Tag direkt angestoßen wird. Vor allem, wenn einfach oder mehrfach ungesättigte Fettsäuren durch Kohlenhydrate ersetzt werden, erhöht sich das Risiko von Herzkreislauferkrankungen. Rund 90 Prozent der Bevölkerung reagieren auf diese Weise, doch die Ausprägung ist stark vom individuellen Stoffwechsel abhängig. Bei etwa 10 Prozent der Bevölkerung kommt es trotz erhöhter Kohlenhydratzufuhr zu keinen negativen Effekten.

Wird die Energie der vielen aufgenommenen Kohlenhydrate aber zeitnah in körperliche Aktivität umgesetzt, ist die genannte Gefahr nicht gegeben. Das heißt: Ein hoher Kohlenhydratanteil macht dann Probleme, wenn er mit wenig Bewegung einhergeht. Energieriegel auf Früchtebasis, die viel Fruktose enthalten, sind als Zwischenmahlzeit bei der Büroarbeit oder in der Schule die falsche Wahl. Wird die Energie gleich wieder verbrannt, beispielsweise bei längeren Radtouren oder bei anstrengenden Wanderungen, wird der Fettstoffwechsel dadurch nicht negativ beeinflusst.

Wenig Kohlenhydrate beim Fettstoffwechseltraining

Besteht die Motivation, sich zu bewegen, im Körpergewichtsmanagement und in der Fettreduktion bzw. in der Verbesserung der Grundlagenausdauer, dann sind kohlenhydrathaltige Snacks sowohl vor, während als auch in den ersten zwei Stunden nach einer körperlichen Aktivität fehl am Platz. Vor allem, wenn sie viele schnell verfügbare Kohlenhydrate (Zucker) enthalten, senken sie über die provozierte Insulinfreisetzung die Aktivität bestimmter fettabbauender Enzyme. Gut für diejenigen, die Bestleistungen erzielen möchten, schlecht, wenn es dem Fett an den Kragen gehen soll. Besser geeignet sind dann Powersnacks, die mit »LowCarb« und »Body F« gekennzeichnet sind.

Ausreichend trinken, in der Praxis testen

Zu den Flowfood-Snacks sollte bei körperlicher und geistiger Aktivität, beim Training und im Wettkampf stets ausreichend getrunken werden. Da die Snacks selbst ausreichend Energie liefern, sind energiereiche (Sport-)Getränke aber meist die falsche Wahl.

Enthält der während des Sports verzehrte Snack nur wenig Salz bzw. Natrium, sind mineralstoffreiche bzw. natriumhaltige Mineralwässer, die *nicht* für die Säuglingsernährung geeignet sind, als Getränk empfehlenswert. Werden die Riegel und Bällchen als Zwischenmahlzeit in der Schule, am Arbeitsplatz oder bei besonderen geistigen Aktivitäten gegessen, sind mineralstoffreiche Mineralwässer ebenfalls eine gute Getränkewahl. Der Natriumgehalt ist dann weniger entscheidend.

Der Verzehr eines Energiesnacks während eines Wettkampfs kann allein schon an der Handhabung scheitern. Oft möchten kommerziell erworbene Snacks wegen ihrer Klebrigkeit die Verpackung erst gar nicht verlassen. Die Praktikabilität sollte daher unter realen Einsatzbedingungen getestet werden – und nicht nur in Ruhe am Küchentisch. Daher sind im Wettkampf nur solche Snacks geeignet, die zuvor während des Sports im wettkampfspezifischen Training getestet wurden. Bei selbst gemachten Riegeln und Bällchen kann die passende Verpackung dann gut entsprechend ausgewählt werden.

Damit der Snack während des Sports nicht zu Verschlucken, trockenem Mund oder Unwohlsein führt, sollte er gut zu beißen, nicht krümelig, etwas feucht, möglichst wenig klebrig und gut zu vertragen sein. Die Riegel und Bällchen ab Seite 43 sind auch in dieser Hinsicht in der Praxis getestet. Das individuelle Empfinden ist aber unterschiedlich, deshalb sollte der Einsatz nicht erst in der Wettkampfsituation getestet werden.

Rezepte für alle Snackmomente

Hinweise zu den Rezepten

Die Rezepte sind, wenn nicht anders angegeben, für mehrere Portionen berechnet. Die Powersnacks lassen sich gut vorbereiten und meist für den Vorrat aufbewahren, das spart im Alltag Zeit und Mühe. Die Angaben zu den enthaltenen Nährstoffen beziehen sich jeweils auf eine Portion.

Angaben zu den Zutaten

Bei den Rezeptbeschreibungen wurde nicht gesondert angegeben, dass Obst, Gemüse, Kräuter oder Hülsenfrüchte vor der Verwendung gewaschen werden. Dies wird vorausgesetzt. Bitte lassen Sie die gewaschenen Zutaten jeweils gut abtropfen bzw. tupfen Sie sie gegebenenfalls trocken, bevor sie weiterverarbeitet werden. Falls nicht anders angegeben, beziehen sich alle Mengenangaben von Obst und Gemüse auf die Rohware, die noch nicht küchenfertig zubereitet wurde. Bei der Verwendung von Quark ist ausschließlich Magerquark gemeint. Milch oder Joghurt wird immer mit einem Fettgehalt von 1,5 Prozent verwendet.

Abkürzungen

EL = Esslöffel
TL = Teelöffel

◀ Leuchtende Farben, voller Geschmack: Nach dem Sport helfen Fruchtbällchen mit Himbeeren und Hanfsamen (siehe Seite 58) bei der schnellen Regeneration.

Zu den Backtemperaturen

Die angegebenen Temperaturen zum Backen gelten für einen Elektrobackofen mit Ober- und Unterhitze. Bitte berücksichtigen Sie dabei auch die Herstellerangaben für Ihren Ofen.

Zubereitungszeiten

Die Zeitangaben in den Rezepten beziehen sich immer auf Circa-Angaben. Je nach Herd kann auch die Koch- oder Backdauer variieren.

Zu den Küchenhelfern

Bei der Zubereitung der Rezepte wird eine übliche Küchenausstattung vorausgesetzt. Nur besondere Gerätschaften wie Mixer, Muffinform oder spezielle Pfannengrößen werden gesondert erwähnt (»Das wird gebraucht«).

Nährwert-, Vitamin- und Mineralstoffangaben

Der Gehalt an den Energieträgern Kohlenhydrate, Fett und Eiweiß wird in Gramm, aber auch in kcal% (Energieprozent) angegeben. Durch die ergänzenden Prozent-Angaben sind die Nährwertrelationen leicht zu erkennen.

Die Powersnacks enthalten reichlich Vitamine, Mineralstoffe und auch andere wertvolle Inhaltsstoffe wie Sekundäre Pflanzenstoffe. Diese werden aber meist nicht eigens angegeben. Werden bei einzelnen Rezepten Vitamine oder Mineralstoffe extra genannt, sind pro Portion mindestens 15 Prozent der empfohlenen Tageszufuhr des jeweiligen Vitamins bzw. Mineralstoffs enthalten.

▶ Energiebällchen gleich in größeren Mengen vorzubereiten, spart Zeit. Umweltfreundlich verpackt, lassen sie sich gut aufbewahren und portionsweise mitnehmen. Auch als selbst gemachtes Mitbringsel kommen sie immer gut an.

Symbole

Die Rezepte ab Seite 43 sind bei allen Gelegenheiten, zwischendurch bei Sport und Spiel, aber auch bei geistigen Aktivitäten in der Schule, der Uni und oder am Arbeitsplatz gut geeignet. Für alle, die sich im Rahmen der Flow-Ernährung mit wenig oder viel Kohlenhydraten, wenig Fett oder viel Eiweiß ernähren möchten, gibt es spezielle Symbole, um die Auswahl der Rezepte zu erleichtern. Auch die für eine glutenfreie sowie laktosefreie Küche geeigneten Rezepte sind entsprechend gekennzeichnet.

Vegan

Die Snacks werden mit rein pflanzlichen Zutaten zubereitet. Sie sind fleisch- und fischfrei, ohne Milch und ohne Ei sowie frei von anderen Bestandteilen tierischer Herkunft.

Laktose-frei

Die Powersnacks sind praktisch frei von Laktose (Milchzucker) und sind deshalb für alle, die eine Laktose-Unverträglichkeit haben, gut geeignet.

Gluten-frei

Die verwendeten Zutaten enthalten kein Gluten und sind bei Zöliakie oder Glutensensitivität gut geeignet. Alle, die keinen Weizen vertragen, können hier ebenfalls zugreifen.

Low Carb

Weniger als 20 g verwertbare Kohlenhydrate pro Portion, bei einem Kohlenhydratanteil von weniger als 40 Prozent an der Gesamtenergie.

High Carb

Mehr als 40 g verwertbare Kohlenhydrate pro Portion, bei einem Kohlenhydratanteil von mehr als 50 Prozent an der Gesamtenergie.

Low Fat

Weniger als 20 g Fett pro Portion, bei einem Fettanteil von weniger als 30 Prozent an der Gesamtenergie.

High Protein

Die Snacks enthalten mindestens 10 g Eiweiß pro Portion.

Brain

Die Art und Menge der Nährstoffe sowie die Nährstoffzusammensetzung in diesen Snacks tragen dazu bei, individuell eine optimale **geistige Leistungsfähigkeit** zu ermöglichen: wenig kcal (etwa 200 kcal/Portion), angemessener Kohlenhydratanteil (etwa 10 g pro Portion) und viel Eiweiß (mindestens 20 kcal% der Gesamtenergie).

Body: Die Art und Menge der Nährstoffe sowie die Nährstoffzusammensetzung in diesen Rezepten tragen dazu bei, individuell ein optimales Muskelwachstum und eine optimale Körperzusammensetzung zu ermöglichen. Die speziellen Eigenschaften wie die Unterstützung der Regeneration, Eignung vor und während dem Wettkampf sind hier gesondert gekennzeichnet.

Body A

Für ein **Athletiktraining** geeignet. Die Snacks enthalten weniger als 10 kcal% Fett und mindestens 8 g Eiweiß pro Portion.

Body D

Für den **Ausdauersport** geeignet. Das Verhältnis von Kohlenhydraten zu Eiweiß beträgt 3:1. Pro Portion sind mindestens 30 g Kohlenhydrate und 10 g Eiweiß bzw. 15 g Kohlenhydrate zu 5 g Eiweiß enthalten.

Body F

Für das **Fettstoffwechseltraining** geeignet. Die Snacks sind kohlenhydratarm, sie enthalten weniger als 5 g Kohlenhydrate pro Portion.

Body K

Für das **Krafttraining** geeignet. Die Snacks enthalten mindestens 10 g Eiweiß pro Portion.

Body R

Für die **Regeneration** geeignet. Das Verhältnis von Kohlenhydraten zu Eiweiß beträgt 1:1 bis 3:1.

Body V

Für die **Wettkampfvorbereitung** geeignet. Die Snacks haben einen hohen Kohlenhydratanteil. Je nach Verträglichkeit kann Vollkornmehl durch helles Mehl (z. B. Dinkelmehl Type 630) ersetzt werden.

Body W

Als **Wettkampfverpflegung** geeignet. Die Snacks haben einen hohen Kohlenhydratanteil. Vollkornmehl kann bei bekannter individueller Verträglichkeit verwendet werden.

Event

Die Rezepte eignen sich gut für Essensangebote bei **Sportveranstaltungen.** Sie enthalten keine »exotischen« Zutaten und treffen den Geschmack vieler Sportlerinnen und Sportler, aber auch der Zuschauer. Die Powersnacks lassen sich aus relativ wenigen Zutaten auch in größeren Mengen einfach zubereiten und leicht vorbereiten – auch das macht sie zur guten Alternative fürs »Kuchenbuffet«.

Energiebällchen, Fruchtkugeln und mehr

Energiebällchen sind feines, leckeres Fingerfood, perfekt bei allen Gelegenheiten und immer dann richtig, wenn der kleine Hunger kommt. Auf dem Weg zum Sport sorgen die kleinen Kugeln für neuen Schwung. In der Schule oder am Arbeitsplatz, aber auch beim Wandern oder bei der Städtetour holen sie den Blutzuckerspiegel und die Stimmung wieder aus dem Tief. Und nach dem Sport oder dem Wettkampf helfen sie den Muskeln bei der schnellen Regeneration. Auch wer einfach nur Lust auf etwas Süßes hat oder das Kuchenbuffet aufwerten möchte, wird bei unseren Rezepten fündig. Alles wird mit Liebe und Sorgfalt, aber ohne unnötige Zusatzstoffe hergestellt.

GUT ZU WISSEN: Im Kühlschrank lassen sich die Energiebällchen etwa zwei Wochen aufbewahren. Alternativ kann man sie einfrieren und portionsweise über Nacht im Kühlschrank oder zwei Stunden bei Zimmertemperatur auftauen lassen. Mandel-Kokos-Pralinen, Haselnusskugeln und alle anderen Energiebällchen mit fester Konsistenz lassen sich in Butterbrotpapier oder ein Bienenwachstuch einschlagen und so gut mitnehmen. Apfel-Ingwer-Kugeln, Milchreisbällchen und alle anderen Energiebällchen, die etwas druckempfindlicher sind, sind in einer kleinen Dose besser untergebracht.

Amarant-Schoko-Bällchen mit Datteln

Vegan | Laktosefrei | Body V | Body W

18 Stück – 9 Portionen (pro Portion 2 Bällchen)
Zubereitungszeit: 40 Minuten
Das wird gebraucht: Mixer

p. P. (40 g) 150 kcal

KH	24 g	(65 kcal%)
F	5 g	(30 kcal%)
EW	2 g	(5 kcal%)

35 g Zartbitter-Schokotropfen
250 g entsteinte Datteln
2 EL (40 g) Kokosöl
1 EL (5 g) Kakaopulver
10 EL (20 g) gepuffter Amarant
40 Backoblaten (ø 50 mm)

- ☐ Die Schokotropfen mit einem Messer grob hacken und in eine Schüssel geben.
- ☐ Die Datteln mit einem Messer grob zerkleinern, damit sie sich besser mixen lassen.
- ☐ Das Kokosöl, sofern es durch die Zimmertemperatur noch nicht flüssig ist, auf dem Herd vorsichtig etwas erwärmen, um es zu verflüssigen. Das Öl mit den Datteln im Standmixer fein pürieren. Das Kakaopulver ebenfalls dazugeben und untermixen.
- ☐ Die Dattel-Kokos-Mischung in die Schüssel zu den gehackten Schokotropfen geben. Den Amarant hinzufügen und alles miteinander vermengen.
- ☐ Aus der Masse walnussgroße Kugeln (jeweils etwa 20 g) formen. Jede Kugel auf eine Backoblate setzen. Eine zweite Backoblate auf die Kugel setzen. Die Kugel mit der oberen Oblate zusammendrücken, bis die Dattelmasse mit den Backoblaten am Rand abschließt.

TIPP: Die Kugeln lassen sich auch ohne die Backoblaten oder mit glutenfreien Oblaten zubereiten. In diesem Fall sind die Energiebällchen auch glutenfrei.

Apfel-Ingwer-Kugeln

Vegan | Laktosefrei | Glutenfrei | Low Carb | Body R

24 Stück – 12 Portionen (pro Portion 2 Bällchen)
Zubereitungszeit: 40 Minuten + 30 Minuten Wartezeit
Das wird gebraucht: Mixer

p. P. (40 g) 127 kcal

KH	9 g (31 kcal%)
F	8 g (59 kcal%)
EW	3 g (10 kcal%)

50 g Mandeln
25 g Haselnüsse
25 g Kürbiskerne
100 g getrocknete Apfelringe (soft)
110 ml Wasser
100 g Apfelkraut (ohne Zuckerzusatz)
15 g kandierter Ingwer
abgeriebene Schale und Saft von einer ½ unbehandelten Zitrone
50 g Kokosraspel
20 g heller Sesam

- ☐ Die Mandeln, Haselnüsse und Kürbiskerne in einer Pfanne ohne Fett rösten, bis sie leicht Farbe angenommen haben und zu duften beginnen.
- ☐ Die gerösteten Nüsse und Kerne im Mixer zerkleinern. Es sollten noch ein paar grobe Stücke bleiben. Die Nussmischung in eine große Schüssel geben.
- ☐ Im Mixer nun die Apfelringe mit dem Wasser, dem Apfelkraut, dem kandiertem Ingwer und dem Saft und der Schale der Zitrone zu einer homogenen Masse zerkleinern. Die Masse zu der Nussmischung in die Schüssel geben.
- ☐ Die Kokosraspel und den Sesam voneinander getrennt in einer Pfanne ohne Fett rösten. Die Kokosraspel ebenfalls in die Schüssel zu der Nussmischung geben. Den Sesam für später zur Seite stellen.
- ☐ Alle Zutaten in der Schüssel gründlich vermengen und etwa 30 Minuten ziehen lassen. Die Masse zu 24 walnussgroßen Kugeln formen. Die Kugeln in dem gerösteten Sesam wälzen.

REICH AN: Vitamin E

TIPP: Zum Mitnehmen die Bällchen in eine kleine Dose geben, sie werden sonst leicht zerdrückt. Für den Vorrat die Bällchen zunächst auf einen Teller in die Kühltruhe stellen. Wenn die Bällchen gefroren sind, in eine Tüte oder Dose umfüllen, sodass sie portionsweise entnommen werden können.

Bananenbällchen mit Kakao und Walnuss

Laktose-frei | Gluten-frei

p. P. (40 g) 145 kcal

KH	18 g	(51 kcal%)
F	6 g	(41 kcal%)
EW	3 g	(8 kcal%)

30 Bällchen – 15 Portionen (pro Portion 2 Bällchen)
Zubereitungszeit: 40 Minuten
Das wird gebraucht: Mixer

120 g Walnüsse
70 g Bananenchips
3 EL (20 g) Kakaonips
200 g getrocknete Bananen (soft)
160 g Honig
4 EL (20 g) Kakaopulver
10 EL (20 g) gepuffter Amarant

- ☐ Die Walnüsse zusammen mit den Bananenchips und den Kakaonips im Mixer zerkleinern, bis keine groben Stücke mehr vorhanden sind. Die Masse in eine Schüssel geben.
- ☐ Die Soft-Bananen mit einem Messer grob zerkleinern.
- ☐ Den Honig in einer Pfanne leicht erwärmen, bis er flüssig ist. Die Bananen zusammen mit dem Honig im Mixer vermischen und pürieren. Die Honig-Bananen-Masse zu der Walnuss-Kakao-Mischung in die Schüssel geben.
- ☐ Das Kakaopulver und den Amarant ebenfalls dazugeben und alle Zutaten gut vermengen.
- ☐ Aus der Masse walnussgroße Kugeln (jeweils etwa 20 g) formen. Dafür die Masse für jede Kugel kräftig in einer Hand zusammendrücken, damit sie fest zusammenklebt.

REICH AN: Vitamin E

Vegan

Laktosefrei

Energiebällchen mit Hafer, Kokos und Kakao

p. P. (40 g) 152 kcal

KH	15 g (41 kcal%)
F	8 g (48 kcal%)
EW	4 g (11 kcal%)

16 Stück – 8 Portionen (pro Portion 2 Bällchen)
Zubereitungszeit: 20 Minuten
Das wird gebraucht: Mixer

½ Vanilleschote
60 g Mandeln
4 EL (40 g) Agavendicksaft
1 ½ EL (30 g) Kokosöl (Zimmertemperatur)
1 TL gemahlener Zimt
2 EL (10 g) Kakaopulver
70 ml Wasser
140 g feine Haferflocken

- ☐ Die Vanilleschote längs halbieren und das Mark herauskratzen.
- ☐ Das Vanillemark mit den Mandeln, dem Agavendicksaft, dem Kokosöl und dem gemahlenen Zimt, Kakaopulver und Wasser in einem Mixer fein pürieren.
- ☐ Die Masse in eine Schüssel geben und mit den Haferflocken gründlich vermengen.
- ☐ Die Haferflocken-Mandel-Mischung zu etwa walnussgroßen Kugeln (je 20 g) formen.

Dattelsandwich

Vegan | Laktosefrei

40 Stück – 20 Portionen (pro Portion 2 Sandwichs)
Zubereitungszeit: 40 Minuten
Das wird gebraucht: Mixer

p. P. (40 g) 160 kcal

KH	18 g	(45 kcal%)
F	8 g	(45 kcal%)
EW	4 g	(10 kcal%)

340 g Datteln
1 Vanilleschote
120 g Walnüsse
120 g Mandeln
100 ml Wasser
1 TL gemahlener Zimt
3 EL (15 g) Kakaopulver
1 Prise Salz
125 g feine Haferflocken
80 Backoblaten (ø 50 mm)

- ☐ Die Datteln entsteinen und grob zerkleinern. Die Vanilleschote längs aufschneiden und das Vanillemark aus der Schote herauskratzen.
- ☐ Die Datteln mit den Walnüssen und den Mandeln in den Behälter eines Mixers oder einer Küchenmaschine geben. Das Wasser und den gemahlenen Zimt, das Kakaopulver, das Salz sowie das Mark der Vanilleschote dazugeben und alles zu einer homogenen, klebrigen Masse mixen. Je nach Leistungszustand des Gerätes die Masse eventuell auf zwei Portionen aufteilen.
- ☐ Die Dattel-Nuss-Mischung in eine große Schüssel geben und die Haferflocken mit den Händen untermischen.
- ☐ Aus dem Teig walnussgroße Kugeln (jeweils etwa 20 g) formen. Die Bällchen jeweils auf eine Backoblate setzen und mit einer zweiten Backoblate bedecken. Jedes Bällchen mit der oberen Oblate zusammendrücken, bis die Dattel-Nuss-Masse mit der Backoblate am Rand abschließt.

REICH AN: Vitamin E

▶ Durch Trockenfrüchte natürlich süß: Dattelsandwich (Foto oben) und Haselnuss-Dattel-Kugeln mit feinem Zimtaroma (siehe Seite 62).

Fruchtbällchen mit Walnuss und Zimt

Vegan | Laktosefrei

p. P. (40 g) 130 kcal

KH	18 g (55 kcal%)
F	5 g (35 kcal%)
EW	3 g (10 kcal%)

30 Stück – 15 Portionen (pro Portion 2 Bällchen)
Zubereitungszeit: 40 Minuten + 30 Wartezeit
Das wird gebraucht: Mixer

100 g getrocknete Apfelringe (soft)
150 ml Wasser
100 g Apfelkraut (ohne Zuckerzusatz)
1 TL gemahlener Zimt
abgeriebene Schale und Saft von einer ½ unbehandelten Zitrone
100 g Walnüsse
160 g Vier-Korn-Flocken
70 g Dinkelflakes (ungesüßt)

- ☐ Die Apfelringe mit dem Wasser und dem Apfelkraut, dem Zimt sowie der abgeriebenen Schale und dem Saft der Zitrone in einem Mixer pürieren. Die Apfelmasse in eine Schüssel geben.
- ☐ Die Walnüsse im Mixer grob hacken und zur Apfelmasse in die Schüssel geben.
- ☐ Die Vier-Korn-Flocken und 40 g Dinkelflakes dazugeben und alles gründlich vermengen. Anschließend für 30 Minuten durchziehen lassen.
- ☐ Die Masse zu walnussgroßen Kugeln (je 20 g) formen. Die restlichen Dinkelflakes mit den Händen oder mit einem Nudelholz etwas zerdrücken. Die Fruchtbällchen in den zerbröselten Dinkelflakes wälzen.

REICH AN: Vitamin E

TIPP: Damit die Bällchen unterwegs nicht zerdrückt werden, am besten in eine kleine Dose verpacken. Werden die Kugeln für den Vorrat eingefroren, erst nach dem Auftauen in den Dinkelflakes wälzen.

Sauerkirschbällchen mit Ingwer und Hanfsamen

Laktose-frei | Low Carb

p. P. (40 g) 160 kcal
KH 15 g (36 kcal%)
F 9 g (52 kcal%)
EW 5 g (12 kcal%)

34 Stück – 17 Portionen (pro Portion 2 Bällchen)
Zubereitungszeit: 45 Minuten
Das wird gebraucht: Mixer

300 g Cashewnüsse
200 g getrocknete Sauerkirschen
2 ½ EL (30 g) geschälte Hanfsamen
20 g kandierter Ingwer
100 g Honig
60 g feine Haferflocken

- ☐ Die Cashewnüsse in der Pfanne ohne Fett bei mittlerer Hitze rösten, bis sie leicht Farbe bekommen. Die Nüsse auf einem Teller auskühlen lassen.
- ☐ Die abgekühlten Cashewnüsse mit den getrockneten Sauerkirschen, dem Hanfsamen und dem Ingwer in einen Mixer geben und so lange zerkleinern, bis keine groben Stücke mehr vorhanden sind.
- ☐ Den Honig in einer Pfanne leicht erwärmen, bis er flüssig wird. (Vorsicht, er sollte nicht zu heiß werden!) Die Haferflocken mit dem flüssigen Honig in eine Schüssel geben. Die Cashew-Sauerkirsch-Mischung dazugeben und alles gut miteinander verkneten.
- ☐ Aus der Fruchtmasse walnussgroße Kugeln (je 20 g) formen. Dabei die einzelne Portion jeweils kräftig in der Hand zusammendrücken und anschließend zu einem gleichmäßigen Bällchen rollen.

TIPP: Direkt aus dem Kühlschrank sind die Kugeln recht hart. Bei Zimmertemperatur oder unterwegs werden sie dann weicher. Vegan werden die Fruchtbällchen, wenn statt des Honigs beispielsweise Kokosblütensirup oder Ahornsirup verwendet werden.

Fruchtbällchen mit Himbeere und Hanfsamen

Vegan | Laktosefrei | Glutenfrei | Body R

14 Stück – 7 Portionen (pro Portion 2 Bällchen)
Zubereitungszeit: 30 Minuten
Das wird gebraucht: Mixer

p. P. (40 g) 140 kcal

KH	14 g	(41 kcal%)
F	7 g	(45 kcal%)
EW	5 g	(14 kcal%)

50 g Cashewnüsse
20 g gefriergetrocknete Himbeeren
40 g Cornflakes (ungesüßt)
100 g getrocknete Aprikosen (ungeschwefelt)
30 ml Wasser
2 EL (20 g) Ahornsirup
2 EL (20 g) Hanf-Eiweißpulver
50 g (4 EL) geschälte Hanfsamen

- □ Die Cashewnüsse in einer Pfanne ohne Fett rösten, bis sie leicht Farbe bekommen. Etwas abkühlen lassen.
- □ Die gefriergetrockneten Himbeeren und die Cornflakes in einen großen Gefrierbeutel geben, den Beutel mit einer Klammer verschließen und den Beutelinhalt mit dem Nudelholz oder einer kleinen Pfanne zu feinen Krümeln zerstoßen. Von der Masse etwa 3 EL (15 g) entnehmen und zur Seite stellen. Die restlichen Himbeer-Cornflakes-Brösel in eine größere Schüssel geben.
- □ Die gerösteten Cashewnüsse zusammen mit den getrockneten Aprikosen, dem Wasser und Ahornsirup in einem Mixer zerkleinern. Die Masse sollte homogen sein, kann aber noch etwas stückig bleiben. Die Cashew-Aprikosen-Mischung zusammen mit dem Hanf-Eiweißpulver in die Schüssel zu den Cornflakes-Himbeer-Krümeln geben.
- □ Die Hanfsamen ebenfalls in einer Pfanne ohne Fett rösten, bis sie leicht zu duften beginnen. Etwas abkühlen lassen, in die Schüssel zur Fruchtbällchen-Mischung geben und alles gründlich vermengen. Aus der Masse walnussgroße Kugeln (je 20 g) formen.
- □ Die Fruchtbällchen in den beiseitegestellten Himbeer-Cornflakes-Bröseln wälzen.

TIPP: Wer auf »High Protein« achtet, kann pro Portion 4 Bällchen essen.

Fruchtbällchen mit Mango und Cashewnuss

Vegan | Laktosefrei

p. P. (40 g) 110 kcal

KH	12 g	(47 kcal%)
F	5 g	(37 kcal%)
EW	4 g	(16 kcal%)

18 Stück – 9 Portionen (pro Portion 2 Bällchen)
Zubereitungszeit: 25 Minuten
Das wird gebraucht: Mixer

70 g Cashewnüsse
100 g getrocknete Mango (ungesüßt)
30 g feine Haferflocken
1 EL (10 g) Agavendicksaft
125 ml Haferdrink (ungesüßt)
3 EL (30 g) Lupinen-Eiweißpulver

- ☐ Die Cashewnüsse in einer Pfanne ohne Fett rösten, bis sie etwas Farbe bekommen. Die Nüsse etwas abkühlen lassen und in einem Mixer fein mahlen. Die gemahlenen Cashewnüsse in eine große Schüssel geben.
- ☐ Die Mango zusammen mit den Haferflocken und dem Agavendicksaft im Mixer zerkleinern. Es sollte eine homogene Masse ergeben, darf aber noch etwas stückig sein.
- ☐ Die Mango-Haferflocken-Masse zu den gemahlenen Cashewnüssen in die Schüssel geben. Den Haferdrink und das Lupinen-Eiweißpulver dazugeben und allen Zutaten gründlich miteinander vermengen.
- ☐ Aus der Masse walnussgroße Kugeln (je 20 g) formen.

REICH AN: Vitamin C

TIPP: Das Vermischen der Zutaten zu einer homogenen Masse in der Schüssel gelingt am besten mit den Händen.

Fruchtbällchen mit Cranberry und Acai

Vegan | Laktosefrei | Glutenfrei | Low Carb

28 Stück – 14 Portionen (pro Portion 2 Bällchen)
Zubereitungszeit: 25 Minuten
Das wird gebraucht: Mixer

p. P. (40 g) 164 kcal

KH	15 g	(35 kcal%)
F	10 g	(58 kcal%)
EW	3 g	(7 kcal%)

155 g Kokosraspel
100 g Cashewnüsse
100 ml Wasser
200 g getrocknete Cranberrys (gesüßt)
2 EL (20 g) Acai-Pulver

- □ Die Kokosraspel in einer Pfanne ohne Fett rösten, bis sie leicht Farbe bekommen. Anschließend sofort aus der Pfanne nehmen und in einer Schüssel abkühlen lassen. 3 EL (15 g) geröstete Kokosraspel entnehmen und zur Seite stellen.
- □ Die Cashewnüsse in einer Pfanne ohne Fett rösten und anschließend etwas abkühlen lassen.
- □ Das Wasser mit den getrockneten Cranberrys und den gerösteten Cashewnüssen in einen Mixer geben und alles fein pürieren. Je nach Leistungsstärke des Mixers müssen die Zutaten eventuell in zwei bis drei Portionen püriert werden.
- □ Das Cranberry-Cashew-Püree zu den Kokosraspeln in die Schüssel geben. Das Acai-Pulver ebenfalls dazugeben und die Masse mit den Händen gründlich verkneten.
- □ Aus der Masse mit den Händen kleine Kugeln (je 20 g) formen. Die Fruchtbällchen in den restlichen Kokosraspeln wälzen.

Haselnuss-Dattel-Kugeln

Vegan | Laktosefrei | Glutenfrei | Low Carb

p. P. (40 g) 180 kcal

KH	12 g (28 kcal%)
F	12 g (61 kcal%)
EW	5 g (11 kcal%)

16 Stück – 8 Portionen (pro Portion 2 Kugeln)
Zubereitungszeit: 20 Minuten
Das wird gebraucht: Mixer

150 g Haselnüsse
130 g Datteln
30 ml Wasser
3 EL (60 g) Cashewmus
½ TL gemahlener Zimt
1 EL (5 g) Kakaopulver

- □ Von den Haselnüssen 16 Stück zur Seite stellen, sie dienen später als Füllung der Kugeln. Die restlichen Haselnüsse in einem Mixer fein mahlen. Etwa 30 g gemahlene Haselnüsse beiseitestellen. Die übrigen gemahlenen Haselnüsse in eine große Schüssel geben.
- □ Die Datteln entsteinen, grob zerkleinern und mit dem Wasser, dem Cashewmus, gemahlenen Zimt und Kakaopulver in einem Mixer fein pürieren. Die Masse anschließend zu den gemahlenen Haselnüssen in die große Schüssel geben.
- □ Die Nuss-Dattel-Mischung gründlich vermengen und daraus etwa walnussgroße Kugeln formen (je 20 g). Dabei in die Kugeln je einen Haselnusskern stecken und die Kugeln wieder verschließen.
- □ Die Haselnuss-Dattel-Kugeln zuletzt in den restlichen gemahlenen Haselnüssen wälzen.

REICH AN: Vitamin E und Biotin

Mandelsandwich mit Kaffee und Quinoa

Vegan | Laktosefrei | Low Carb | Body R

18 Stück – 9 Portionen (pro Portion 2 Sandwichs)
Zubereitungszeit: 25 Minuten
Das wird gebraucht: Mixer

p. P. (40 g) 199 kcal

KH	14 g	(28 kcal%)
F	13 g	(61 kcal%)
EW	5 g	(11 kcal%)

1 Tasse Espresso (25 ml)
150 g Mandelmus
50 g Agavendicksaft
70 g Mandeln
abgeriebene Schale einer ½ unbehandelten Orange
20 EL (40 g) gepuffte Quinoa
3 EL (20 g) Kakaonips
1 Prise Salz
36 Backoblaten (ø 50 mm)

- ☐ Eine Tasse Espresso zubereiten.
- ☐ Das Mandelmus mit dem Agavendicksaft, den Mandeln, der abgeriebenen Orangenschale und dem Espresso in einen Mixer geben und so lange mixen, bis alle Zutaten zu einer homogenen Masse verarbeitet sind. Anschließend die Masse in eine große Schüssel geben.
- ☐ Die gepuffte Quinoa, die Kakaonips und das Salz ebenfalls in die Schüssel geben und die Zutaten miteinander zu einer homogenen Masse verkneten.
- ☐ Aus der Masse walnussgroße Kugeln (je 20 g) formen. Die Kugeln jeweils auf eine Backoblate setzen und mit einer zweiten Backoblate belegen. Die Kugel mithilfe der Oblate so lange platt drücken, bis die Dattelmasse mit den Backoblaten am Rand möglichst abschließt.

TIPP: Wer auf »High Carb« achtet, kann pro Portion 3 Sandwichs essen. Für eine glutenfreie Variante glutenfreie Backoblaten verwenden.

Mandel-Kokos-Pralinen

Vegan | Laktosefrei | Glutenfrei | Low Carb

p. P. (40 g) 232 kcal

KH	9 g	(16 kcal%)
F	19 g	(76 kcal%)
EW	5 g	(8 kcal%)

18 Stück – 9 Portionen (pro Portion 2 Pralinen)
Zubereitungszeit: 20 Minuten
Das wird gebraucht: Mixer

50 g Mandeln
10 EL (50 g) Kokosraspel
2 EL (40 g) Mandelmus
4 ½ EL (45 g) Ahornsirup
140 g Kokosmus (Zimmertemperatur)
20 EL (40 g) gepuffter Amarant

- ☐ Von den Mandeln 18 Stück zur Seite legen, sie dienen später als Füllung der Kugeln.
- ☐ 2 EL Kokosraspel in einer Pfanne ohne Fett rösten, danach zum Abkühlen beiseitestellen.
- ☐ Die restlichen Mandeln zusammen mit dem Mandelmus, dem Ahornsirup und dem Kokosmus in einem Mixer pürieren.
- ☐ Die Mandel-Kokos-Masse zusammen mit den restlichen Kokosraspeln und dem gepufften Amarant in einer Schüssel vermengen. Aus der Masse walnussgroße Kugeln (je 20 g) formen. Dabei jeweils in die Mitte der Kugel eine Mandel hineindrücken.
- ☐ Die Mandel-Kokos-Pralinen in den gerösteten Kokosraspeln wälzen.

TIPP: Das Kokosmus nicht frisch aus dem Kühlschrank verwenden.
Bei Zimmertemperatur hat es genau die richtige Konsistenz.

Mango-Mandel-Bällchen

Vegan | Laktosefrei | Glutenfrei | Low Carb | Body R

34 Stück – 17 Portionen (pro Portion 2 Bällchen)
Zubereitungszeit: 25 Minuten
Das wird gebraucht: Mixer

p. P. (40 g) 110 kcal

KH	9 g (34 kcal%)
F	6 g (50 kcal%)
EW	4 g (16 kcal%)

190 g Mandeln
1 Vanilleschote
200 g getrocknete Mango (ungesüßt)
250 ml Mandeldrink (ungesüßt)
100 g Kokosmehl

- ☐ Die Mandeln in einer Pfanne ohne Fett rösten, bis sie etwas Farbe bekommen. Etwas abkühlen lassen und dann in einem Mixer grob zerkleinern. 50 g gehackte Mandeln zu Seite stellen.
- ☐ Die restlichen 140 g gehackten Mandeln in eine große Schüssel geben.
- ☐ Die Vanilleschote längs aufschneiden und das Mark herauskratzen. Das Vanillemark mit den getrockneten Mangos und dem Mandeldrink in den Mixer geben und zu einer feinen, homogenen Masse pürieren.
- ☐ Das Mangopüree zu den gehackten Mandeln in die Schüssel geben. Das Kokosmehl dazugeben und alles gründlich vermengen.
- ☐ Die Masse zu walnussgroßen Kugeln (je 20 g) formen und die Bällchen in den restlichen gehackten Mandeln wälzen.

REICH AN: Vitamine E und C

Milchreisbällchen mit Kokos und Schokolade

Vegan | Laktosefrei | Glutenfrei | Body R

30 Stück – 15 Portionen (pro Portion 2 Bällchen)
Zubereitungszeit: 45 Minuten + 60 Minuten Wartezeit

p. P. (40 g) 70 kcal

KH	9 g (50 kcal%)
F	3 g (35 kcal%)
EW	3 g (15 kcal%)

400 ml Haferdrink (ungesüßt)
100 g Milchreis
4 EL (40 g) Ahornsirup
2 TL (10 g) Maisstärke
10 EL (50) g Kokosraspel
3 EL (15 g) Kokosmehl
4 EL (40 g) Erbsen-Eiweißpulver
1 Prise Salz
20 g Zartbitter-Schokotropfen

- □ Den Haferdrink in einem Topf aufkochen lassen. Den Milchreis in den heißen Drink einrühren. Die Temperatur des Herds auf eine kleine Stufe stellen und den Milchreis etwa 20 Minuten garen. Dabei immer mal wieder umrühren.
- □ Wenn der Milchreis gar ist und den Haferdrink vollständig aufgesogen hat, den Ahornsirup einrühren. Die Maisstärke mit 1 EL Wasser verrühren und unter den noch heißen Milchreis rühren. Den Topf auf der Herdplatte stehen lassen und weiterrühren, bis die Masse anfängt, dicker zu werden. Den Milchreis im Kühlschrank abkühlen lassen.
- □ In der Zwischenzeit die Kokosraspel in einer Pfanne ohne Fett rösten. Etwa 20 g geröstete Kokosraspel beiseitestellen.
- □ Den abgekühlten Milchreis mit den restlichen gerösteten Kokosraspeln, dem Kokosmehl, dem Erbsen-Eiweißpulver und dem Salz vermengen. Die Masse etwa 30 Minuten durchziehen lassen.
- □ Aus der Milchreis-Kokos-Mischung walnussgroße Kugeln (je 20 g) formen. In die Mitte der Bällchen jeweils zwei bis drei Schokotropfen drücken.
- □ Die Milchreisbällchen in den gerösteten Kokosraspeln wälzen.

TIPP: Werden die Bällchen eingefroren, erst nach dem Auftauen in den Kokosraspeln wälzen. Zum Mitnehmen in kleine Dosen füllen, sie zerdrücken leicht.

Milchreisbällchen mit Pistazie und Himbeere

Vegan | Laktosefrei | Glutenfrei | Body R

30 Stück – 15 Portionen (pro Portion 2 Bällchen)
Zubereitungszeit: 45 Minuten + 60 Minuten Wartezeit
Das wird gebraucht: Mixer

p. P. (40 g) 72 kcal

KH	10 g	(56 kcal%)
F	2 g	(26 kcal%)
EW	4 g	(18 kcal%)

400 ml Haferdrink (ungesüßt)
100 g Milchreis
3 EL (30 g) Agavendicksaft
2 TL (10 g) Maisstärke
60 g geschälte Pistazien
15 g gefriergetrocknete Himbeeren
35 g Cornflakes (ungesüßt)
4 EL (40 g) Erbsen-Eiweißpulver
3 EL (15 g) Kokosmehl
1 Prise Salz

- ☐ Den Haferdrink in einem Topf aufkochen lassen. Den Milchreis in den heißen Drink einrühren. Die Temperatur des Herds auf eine kleine Stufe stellen und den Milchreis etwa 20 Minuten garen. Dabei regelmäßig umrühren.
- ☐ Wenn der Milchreis den Haferdrink vollständig aufgesogen hat und gar ist, den Agavendicksaft einrühren. Die Maisstärke mit 1 EL Wasser verrühren und in den heißen Milchreis einrühren. So lange weiterrühren, bis die Masse anfängt, einzudicken. Den Milchreis im Kühlschrank abkühlen lassen.
- ☐ In der Zwischenzeit die Pistazien in einem Mixer fein mahlen. Die gefriergetrockneten Himbeeren in einen Gefrierbeutel geben, den Beutel verschließen und die Himbeeren mit einem Nudelholz zerstoßen. Von den fein zerstoßenen Himbeeren 2 EL beiseitestellen.
- ☐ Den abgekühlten Milchreis mit den gemahlenen Pistazien, den restlichen zerstoßenen Himbeeren, 25 g Cornflakes, dem Erbsen-Eiweißpulver und dem Kokosmehl vermengen. Die Masse anschließend für 30 Minuten durchziehen lassen.
- ☐ Die restlichen 10 g Cornflakes in einen Gefrierbeutel geben und mit dem Nudelholz zerstoßen. Mit den beiseitegestellten Himbeeren vermischen.
- ☐ Aus der Milchreis-Pistazien-Mischung walnussgroße Kugeln (je 20 g) formen und die Bällchen im Cornflakes-Himbeer-Pulver wälzen.

Piña-Colada-Bällchen

Vegan | Laktosefrei | Glutenfrei

18 Stück – 9 Portionen (pro Portion 2 Bällchen)
Zubereitungszeit: 45 Minuten
Das wird gebraucht: Mixer

p. P. (40 g) 159 kcal

KH	16 g (41 kcal%)
F	9 g (52 kcal%)
EW	3 g (7 kcal%)

65 g Koksraspel
1 unbehandelten Limette
120 g getrocknete Ananas
100 g Cashewnüsse
10 EL (20 g) gepuffte Quinoa
1 Prise Salz
5 EL (50 g) Kokosblütensirup

- ☐ Die Koksraspel in einer Pfanne ohne zusätzliches Fett rösten, bis sie leicht Farbe bekommen. Vorsicht, das kann bei zu hoher Hitze sehr schnell gehen! Anschließend die Kokosraspel auf einem Teller abkühlen lassen, 3 EL Kokosraspel beiseitestellen.
- ☐ Mit einer feinen Reibe die Schale der Limette abreiben.
- ☐ Die getrockneten Ananas und die Cashewnüsse in einem Mixer sehr klein zerhacken, bis keine groben Stücke mehr vorhanden sind. Je nach Leistungsfähigkeit des Gerätes dazu die Menge auf mehrere Portionen aufteilen.
- ☐ Die Ananas-Cashew-Mischung mit den gerösteten Kokosraspeln, der Limettenschale, der gepufften Quinoa und dem Salz in eine Schüssel geben und alles gut miteinander vermengen.
- ☐ Den Kokosblütensirup in einem kleinen Topf leicht erwärmen, damit er sich besser mit der restlichen Masse verbindet. Den warmen Kokosblütensirup in die Schüssel dazugeben und die Masse mit den Händen kräftig durchkneten. (Vorsicht mit dem warmen Sirup, er darf nicht zu heiß sein, damit man sich nicht verbrennt.)
- ☐ Aus der Masse kleine Kugeln (je 20 g) formen. Dazu jede Portion zunächst noch mal kräftig in der Hand zusammendrücken und anschließend zu einer Kugel formen.
- ☐ Die Bällchen in den beiseitegestellten Kokosraspeln wälzen.

Pistazien-Aprikosen-Bällchen

Laktose-frei

p. P. (40 g) 123 kcal

KH	17 g (56 kcal%)
F	4 g (30 kcal%)
EW	4 g (14 kcal%)

36 Stück – 18 Portionen (pro Portion 2 Bällchen)
Zubereitungszeit: 30 Minuten + 30 Wartezeit
Das wird gebraucht: Mixer

60 g geschälte Pistazien
35 g Cashewnüsse
250 g getrocknete Aprikosen (ungeschwefelt)
50 g Honig
100 ml Wasser
230 g feine Haferflocken
Saft und abgeriebene Schale von 1 unbehandelten Zitrone
1 Prise Salz

- ☐ Die Pistazien in einem Mixer fein mahlen. Von den gemahlenen Pistazien 3 EL (25 g) zur Seite stellen. Die restlichen 35 g gemahlenen Pistazien in eine große Schüssel geben.
- ☐ Die Cashewnüsse ebenfalls im Mixer fein mahlen und zu den Pistazien in die Schüssel geben.
- ☐ Die getrockneten Aprikosen, den Honig und das Wasser im Mixer zu einem Brei pürieren. Je nach Leistungsstärke des Mixers muss die Menge gegebenenfalls auf mehrere kleine Portionen aufgeteilt werden. Das Aprikosenpüree zu den gemahlenen Nüssen in die Schüssel geben.
- ☐ Die Haferflocken, den Saft und die abgeriebene Schale der Zitrone sowie das Salz ebenfalls in die Schüssel geben und den Teig mit den Händen gründlich vermengen. Die Masse etwa 30 Minuten quellen lassen.
- ☐ Aus der Masse kleine Kugeln (je 20 g) formen. Die Bällchen anschließend in den beiseitegestellten gemahlenen Pistazien wälzen.

REICH AN: Vitamin K

TIPP: Für eine vegane Variante lässt sich statt Honig beispielsweise Agavendicksaft oder Kokosblütensirup verwenden.

Pistazien-Cranberry-Bällchen

Vegan | Laktosefrei

p. P. (40 g) 131 kcal

KH	20 g	(62 kcal%)
F	4 g	(29 kcal%)
EW	3 g	(9 kcal%)

34 Stück – 17 Portionen (pro Portion 2 Bällchen)
Zubereitungszeit: 30 Minuten + 60 Minuten Wartenzeit
Das wird gebraucht: Mixer

50 g geschälte Pistazien
25 g Cashewnüsse
250 g getrocknete Cranberrys (gesüßt)
100 ml Wasser
7 EL (35 g) Kokosraspel
100 g Haferflocken
50 g Kokosblütensirup
50 g gepuffter Amarant
1 Prise Salz

- □ Die geschälten Pistazien und die Cashewnüsse in einem Mixer fein mahlen und in eine große Schüssel füllen.
- □ Die Cranberrys mit dem Wasser in den Mixer geben und fein pürieren.
- □ Von den Kokosraspeln 4 EL (20 g) zur Seite stellen. Die restlichen Kokosraspel und das Cranberrypüree zu der Pistazien-Cashew-Mischung in die Schüssel geben. Die Haferflocken, den Kokosblütensirup, den gepufften Amarant und das Salz dazugeben und alle Zutaten gründlich vermengen. Die Fruchtmasse etwa 60 Minuten ruhen lassen.
- □ Aus der Fruchtmasse walnussgroße Kugeln (je 20 g) formen. Die Pistazien-Cranberry-Bällchen in den beiseitegestellten Kokosraspeln wälzen.

Reisbällchen mit Linsen

Glutenfrei | Brain

36 Stück – 18 Portionen (pro Portion 2 Bällchen)
Zubereitungszeit: 45 Minuten + 60 Minuten Wartezeit

p. P. (40 g) 95 kcal

KH	12 g (51 kcal%)
F	3 g (28 kcal%)
EW	5 g (21 kcal%)

125 g Sushireis
250 ml Wasser
100 g rote Linsen
250 ml Wasser
2 TL (10 g) Maisstärke
50 g Parmesan
50 g gerösteter und gesalzener Nussmix (z. B. Erdnüsse, Mandeln, Cashewnüsse)
2 EL (20 g) Erbsen-Eiweißpulver
½ TL Salz
65 g gepuffter Amarant

- ☐ Den Sushireis mit dem Wasser in einen Topf geben und aufkochen. Einige Minuten kochen lassen, dann die Temperatur reduzieren und den Reis etwa 20 Minuten garen (bitte auch die Packungsangabe beachten).
- ☐ Die Linsen mit dem Wasser in einen Topf geben, aufkochen lassen und bei niedriger Temperatur etwa 30 Minuten garen (dazu auch die Angaben auf der Packung beachten). Die gekochten Linsen mit dem gegarten Sushireis im Topf vermischen.
- ☐ Die Maisstärke mit 1 EL Wasser verrühren. Die Reis-Linsen-Mischung auf kleiner Stufe nochmals unter Rühren erhitzen und dabei die Maisstärke einrühren. Weiterrühren, bis die Masse anfängt, einzudicken. Die Reis-Linsen-Mischung vom Herd nehmen und im Kühlschrank abkühlen lassen.
- ☐ In der Zwischenzeit den Parmesan auf einer Reibe fein raspeln. Den Nussmix mit einem Messer grob hacken.
- ☐ Die kalte Reis-Linsen-Mischung mit dem geriebenen Parmesan, den gehackten Nüssen, dem Erbsen-Eiweißpulver, dem Salz und 50 g gepufftem Amarant vermengen. Die Masse etwa 30 Minuten quellen lassen.
- ☐ Aus der Masse walnussgroße Kugeln (je 20 g) formen. Die Reisbällchen in dem restlichen gepufften Amarant wälzen.

TIPP: Wer auf »High Protein« achtet, kann pro Portion 4 Bällchen essen. Die Reisbällchen sind fruktosefrei.

Reisbällchen mit Quinoa und Minze

Vegan	Laktosefrei
Glutenfrei	Low Fat

p. P. (40 g) 90 kcal

KH	15 g (67 kcal%)
F	2 g (20 kcal%)
EW	3 g (13 kcal%)

26 Stück – 13 Portionen (pro Portion 2 Bällchen)
Zubereitungszeit: 45 Minuten + 60 Minuten Wartezeit

125 g Sushireis
250 ml Wasser
100 g weiße Quinoa
etwa 300 ml Wasser
2 TL (10 g) Maisstärke
60 g Cashewnüsse
1 EL getrocknete Minze
12 EL (25 g) gepuffte Quinoa
½ TL Salz

- Den Sushireis mit dem Wasser in einen Topf geben und aufkochen. Einige Minuten kochen lassen, dann die Temperatur reduzieren und den Reis etwa 20 Minuten garen (bitte auch die Packungsangabe beachten).
- Das Wasser in einem Topf zum Kochen bringen. Die mit heißem Wasser abgespülte Quinoa dazugeben und bei mäßiger Hitze etwa 20 Minuten garen, bis die Flüssigkeit aufgesogen ist (bitte auch die Packungsangaben beachten).
- Gekochten Sushireis mit der gekochten Quinoa in einem Topf vermischen. Die Maisstärke mit 1 EL Wasser verrühren. Die Reis-Quinoa-Mischung in dem Topf auf kleiner Stufe nochmals unter Rühren erhitzen und dabei die Maisstärke einrühren. Weiterrühren, bis die Masse anfängt, einzudicken. Die Masse vom Herd nehmen und anschließend im Kühlschrank abkühlen lassen.
- Die Cashewnüsse grob hacken. In einer Pfanne ohne Fett die gehackten Nüsse rösten, bis sie leicht Farbe bekommen. Auf einem Teller abkühlen lassen.
- Die kalte Reis-Quinoa-Mischung mit den gehackten und gerösteten Cashewnüssen, der getrockneten Minze, der gepufften Quinoa und dem Salz gründlich vermengen. Etwa 30 Minuten quellen lassen.
- Aus der Reismasse walnussgroße Kugeln (je 20 g) formen.

TIPP: Die Reisbällchen sind fruktosefrei.

Salzige Erdnussbällchen

Vegan | Laktosefrei | Glutenfrei | Low Carb

16 Stück – 8 Portionen (pro Portion 2 Bällchen)
Zubereitungszeit: 30 Minuten
Das wird gebraucht: Mixer

p. P. (40 g) 205 kcal

KH	11 g	(21 kcal%)
F	14 g	(63 kcal%)
EW	8 g	(16 kcal%)

3 EL (20 g) Kakaonips
70 g geröstete und gesalzene Erdnüsse
150 g Erdnussmus
5 EL (50 g) Agavendicksaft
20 EL (40 g) gepuffte Quinoa

- ☐ Die Kakaonips in einem Mixer fein vermahlen, in eine kleine Schüssel füllen und beiseitestellen.
- ☐ Die Erdnüsse im Mixer grob hacken, sodass noch kleine Stückchen zu erkennen sind.
- ☐ Die gehackten Erdnüsse mit dem Erdnussmus, dem Agavendicksaft und der gepufften Quinoa in eine große Schüssel geben und alle Zutaten gründlich vermengen.
- ☐ Aus der Erdnuss-Quinoa-Masse kleine Kugeln (je 20 g) formen. Die Erdnussbällchen in den gemahlenen Kakaonips wälzen.

REICH AN: Vitamin E

TIPP: Wer auf »High Protein« achtet, kann pro Portion 3 Bällchen essen.

Müsliriegel, Fruchtschnitten und Co.

Noch ein Energiekick für unterwegs gefällig oder ein Happen für die schnellere Regeneration? Wenn es dann handlich klein und flach sein soll, sind Müsliriegel, Müslitaler und Fruchtschnitten die erste Wahl. Selbst gemacht, enthalten sie die Zutaten, die uns garantiert gut bekommen. Umweltfreundlich verpackt, helfen sie, Plastik und Aluverpackungen zu vermeiden. Sie lassen sich auch gleich in größeren Mengen zubereiten und noch besser als die Energiebällchen aufbewahren. Für den Vorrat, für Sportveranstaltungen oder immer dann, wenn eine größere Menge auf einmal benötigt wird, sind sie deshalb ideal.

GUT ZU WISSEN: Riegel und Fruchtschnitten lassen sich gut in kleinen Dosen oder Tütchen, die mehrfach verwendet werden können, mitnehmen. Eingeschlagen in ein Stück Butterbrotpapier oder ein Bienenwachstuch, passen sie beim Sport gut in die Trikottasche. Unterwegs müssen sie nicht gekühlt werden. Im Kühlschrank können Fruchtschnitten und Riegel etwa zwei Wochen aufbewahrt werden. Alternativ kann man sie einfrieren und portionsweise über Nacht im Kühlschrank oder zwei Stunden bei Zimmertemperatur auftauen lassen.

Amarant-Erdnuss-Schnitten

Vegan | Laktosefrei | Glutenfrei | Body R | Event

10 Stück – 10 Portionen (pro Portion 1 Schnitte)
Zubereitungszeit: 20 Minuten
Das wird gebraucht: Mixer

p. P. (40 g) 180 kcal

KH	17 g (40 kcal%)
F	9 g (46 kcal%)
EW	6 g (14 kcal%)

110 g entsteinte Datteln
170 g Erdnussmus
2 – 3 EL Wasser nach Bedarf
2 EL (15 g) Kokosmehl
10 EL (20 g) gepuffter Amarant
20 dünne Reiswaffeln

- ☐ Die Datteln mit 120 g Erdnussmus in einem Mixer pürieren. Das restliche Erdnussmus beiseitestellen. Nach Bedarf das Wasser in den Mixer dazugeben, wenn sich die Zutaten nicht richtig pürieren lassen.
- ☐ Das Erdnuss-Dattel-Püree in eine Schüssel geben und mit dem Kokosmehl und dem gepufften Amarant vermengen.
- ☐ Die Masse auf zehn dünne Reiswaffeln gleichmäßig verteilen und dabei vorsichtig festdrücken. Achtung: Die Reiswaffeln brechen sehr leicht.
- ☐ Die restlichen zehn Reiswaffeln mit dem restlichen Erdnussmus bestreichen (je 1 TL). Die bestrichenen Reiswaffeln jeweils mit der Erdnussmusseite auf eine Reiswaffel mit Amarant-Dattel-Belag setzen. Vorsichtig festdrücken.

REICH AN: Vitamine E, B_6, Niacin, Biotin, Folsäure sowie Kalium und Magnesium

TIPP: Reiswaffeln gibt es in verschiedenen Stärken. Für dieses Rezept verwendet man am besten die dünnere Variante.

Amarant-Aprikosen-Schnitten

Vegan | Laktosefrei | Glutenfrei | Event

16 Stück – 16 Portionen (pro Portion 1 Riegel)
Zubereitungszeit: 15 Minuten + 60 Minuten Wartezeit
Das wird gebraucht: Mixer, Auflaufform (30 × 20 cm), Frischhaltefolie

p. P. (40 g) 150 kcal

KH	14 g	(41 kcal%)
F	8 g	(50 kcal%)
EW	3 g	(9 kcal%)

60 g Kokosöl
500 g getrocknete Aprikosen (ungeschwefelt)
2 – 3 EL Wasser nach Bedarf
½ Vanilleschote
70 g Kokosraspel
40 g (20 EL) gepuffter Amarant

- □ Das Kokosöl in einem kleinen Topf vorsichtig etwas erwärmen, bis es flüssig ist (bei niedrigen Temperaturen ist es natürlicherweise fest).
- □ Das Kokosöl zusammen mit den getrockneten Aprikosen in einem Mixer pürieren. Wenn es sich nicht zu einer homogenen Masse pürieren lässt, nach Bedarf das Wasser dazugeben. Die pürierten Aprikosen in eine Schüssel geben.
- □ Die Vanilleschote längs aufschneiden und das Mark herauskratzen. Das Vanillemark mit den Kokosraspeln und dem gepufften Amarant zum Aprikosenpüree in die Schüssel geben und alle Zutaten miteinander vermengen.
- □ Eine rechteckige Auflaufform (30 × 20 cm) mit Frischhaltefolie auslegen. Die Masse hineingeben, gleichmäßig in der Form verteilen und festdrücken. Die Riegelmasse 1 Stunde zum Festwerden in den Kühlschrank stellen.
- □ Nach der Kühlzeit die Masse mithilfe der Frischhaltefolie aus der Form heben, auf ein Schneidbrett legen und zu Riegeln schneiden.

REICH AN: Kalium

TIPP: Diese Riegel können auch in einer Riegelform zubereitet werden. Die Masse dafür in die Form drücken und ebenfalls 1 Stunde kalt stellen. Je nach Form kann dabei die Portionsgröße abweichen.

Apfel-Milchreis-Schnitten

Glutenfrei | Low Fat

24 Stück – 24 Portionen (pro Portion 1 Schnitte)
Zubereitungszeit: 30 Minuten + 30 Minuten Backzeit
Das wird gebraucht: Auflaufform (30 × 20 cm), Backpapier

p. P. (40 g) 60 kcal	
KH	12 g (80 kcal%)
F	1 g (15 kcal%)
EW	1 g (5 kcal%)

400 ml Milch (1,5 % Fett)
100 g Milchreis
200 g Äpfel
2 EL (15 g) Roh-Rohrzucker
1 EL Zitronensaft
60 g Ahornsirup
2 TL (10 g) Maisstärke
1 TL gemahlener Zimt

- □ Die Milch in einem Topf aufkochen. Anschließend den Milchreis einrühren und bei niedriger Temperatur etwa 20 Minuten quellen lassen. Dabei immer mal wieder umrühren.
- □ Die Äpfel schälen, vom Kerngehäuse befreien und in sehr kleine Würfel (etwa ½ cm) schneiden. Den Roh-Rohrzucker in einer Pfanne bei geringer Hitze karamellisieren lassen. Wird der Zucker flüssig und bekommt etwas Farbe, die Apfelwürfel und den Zitronensaft zugeben. Etwas köcheln lassen, bis sich der Zucker, der bei der Zugabe der Apfelwürfel etwas fest wird, wieder aufgelöst hat. Die karamellisierten Apfelwürfel zur Seite stellen.
- □ Den Backofen auf 180 °C vorheizen.
- □ Den Zitronensaft, den Ahornsirup, die Maisstärke und den Zimt unter den fertigen Milchreis rühren. Die karamellisierten Apfelwürfel unterheben.
- □ Eine rechteckige Auflaufform mit Backpapier auslegen. Dafür das Backpapier zunächst einmal kräftig zusammenknüllen und wieder auseinanderziehen. Danach lässt sich das Papier besser in die Form einfügen. Den Apfel-Milchreis hineingeben, gleichmäßig in der Form verteilen und fingerdick ausstreichen. Je nach Größe ist die Auflaufform nicht bis zu den Rändern ausgefüllt. Da die Masse aber beim Backen nicht auseinander läuft, wäre das kein Problem.
- □ Die Apfel-Milchreis-Masse etwa 30 Minuten im vorgeheizten Backofen backen. In der Form auskühlen lassen, aus der Form nehmen und in Riegel schneiden.

TIPP: Pflanzendrink kann statt Milch verwendet werden.

Aprikosen-Chia-Riegel

Laktosefrei | Low Fat | Event

16 Stück – 16 Portionen (pro Portion 1 Riegel)
Zubereitungszeit: 25 Minuten + 25 Minuten Backzeit
Das wird gebraucht: Mixer, Backblech, Backpapier

p. P. (40 g) 100 kcal

KH	15 g	(66 kcal%)
F	2 g	(20 kcal%)
EW	3 g	(14 kcal%)

1 EL (20 g) Kokosöl
100 ml Reisdrink (ungesüßt)
160 g getrocknete Aprikosen (ungeschwefelt)
100 g getrocknete Cranberrys (gesüßt)
3 Eiweiß
70 g feine Haferflocken
3 EL (60 g) Kokosblütensirup
2 EL (20 g) Chiasamen
½ TL Salz

- ☐ Den Backofen auf 180 °C vorheizen.
- ☐ Das Kokosöl in einem Topf vorsichtig etwas erwärmen, bis es flüssig ist.
- ☐ Den Reisdrink zusammen mit dem Kokosöl, den getrockneten Aprikosen und Cranberrys in einem Mixer pürieren.
- ☐ Das Eiweiß zu Eischnee schlagen.
- ☐ Die pürierte Fruchtmasse in eine Schüssel geben und mit den Haferflocken, dem Kokosblütensirup, den Chiasamen und dem Salz vermengen. Zum Schluss den Eischnee mithilfe eines Schneebesens unter die andere Masse heben.
- ☐ Ein Backblech mit Backpapier auslegen. Die Fruchtmasse fingerdick auf das Blech streichen. Da die Masse beim Backen nicht verläuft, muss sie nicht mit den Rändern des Blechs abschließen.
- ☐ Die Fruchtmasse im heißen Ofen etwa 25 Minuten backen und anschließend auf dem Blech auskühlen lassen. In gleichmäßig große Riegel schneiden.

REICH AN: Vitamin A

Vegan | Laktosefrei | Low Fat

Aprikosentaler mit Weizengraspulver

p. P. (40 g) 109 kcal

KH	16 g	(61 kcal%)
F	3 g	(27 kcal%)
EW	3 g	(12 kcal%)

22 Stück – 22 Portionen (pro Portion 1 Taler)
Zubereitungszeit: 20 Minuten + 10 Minuten Backzeit
Das wird gebraucht: Mixer, Backblech, Backpapier

250 g getrocknete Aprikosen (ungeschwefelt)
250 ml Haferdrink (ungesüßt)
3 EL (30 g) Agavendicksaft
100 g Cashewnüsse
150 g Dinkelvollkornmehl
100 g feine Haferflocken
2 TL Weizengraspulver
½ TL Salz

- ☐ Den Backofen auf 180 °C vorheizen.
- ☐ Die getrockneten Aprikosen zusammen mit dem Haferdrink und dem Agavendicksaft in einem Mixer pürieren, bis eine homogene Masse entstanden ist.
- ☐ Die Cashewnüsse mit einem Messer grob hacken. Die gehackten Kerne mit dem Dinkelvollkornmehl, den Haferflocken, dem Weizengraspulver und dem Salz in einer Schüssel gründlich miteinander vermischen.
- ☐ Das Aprikosenmus zu den gemischten trockenen Zutaten in die Schüssel geben und alles gründlich miteinander vermengen. Am besten geht das mit den Händen.
- ☐ Ein Backblech mit Backpapier oder mit einer Backmatte belegen. Aus der Fruchtmasse esslöffelgroße Portionen (jeweils etwa 40 g) entnehmen und mit den Händen zu einer Kugel formen. Die Kugeln mit Abstand zueinander auf das Blech setzen und mit den Fingern etwa fingerdick flach drücken.
- ☐ Die Aprikosentaler im vorgeheizten Ofen etwa 10 Minuten backen. Anschließend aus dem Ofen nehmen und auf dem Blech abkühlen lassen.

REICH AN: Vitamin A

Bananen-Hafer-Taler

Vegan | Laktosefrei

11 Stück – 11 Portionen (pro Portion 1 Taler)
Zubereitungszeit: 20 Minuten + 15 Minuten Backzeit
Das wird gebraucht: Backblech, Backpapier

p. P. (40 g)	150 kcal
KH	15 g (41 kcal%)
F	8 g (50 kcal%)
EW	3 g (9 kcal%)

1 Banane
2 EL (40 g) Kokosöl
30 g Mandeln
100 g getrocknete Cranberrys (gesüßt)
6 EL (30 g) Kokosraspel
90 g feine Haferflocken
1 EL (10 g) Chiasamen
1 EL (12 g) geschälte Hanfsamen
1 EL (10 g) Ahornsirup
½ TL gemahlener Zimt
1 Prise Salz

- ☐ Den Backofen auf 180 °C vorheizen.
- ☐ Die Banane schälen und in einer großen Schüssel mit einer Gabel zerdrücken.
- ☐ Das Kokosöl in einem kleinen Topf bei Bedarf vorsichtig erwärmen, bis es flüssig ist. Anschließend zu der Banane in die Schüssel geben.
- ☐ Die Mandeln und die Cranberrys mit einem Messer grob hacken. Die gehackten Mandeln und Cranberrys zusammen mit den Kokosraspeln, den Haferflocken, den Samen, dem Ahornsirup, gemahlenem Zimt und dem Salz zu der Bananen-Kokosöl-Mischung geben. Mit den Händen gründlich verkneten (oder alle Zutaten in den Behälter eine Küchenmaschine geben und mit dem Knethaken kneten).
- ☐ Ein Backblech mit einer Backmatte oder mit Backpapier belegen. Aus der Fruchtmasse mit den Händen kleine Kugeln (jeweils etwa 40 g) formen und mit etwas Abstand auf das Blech setzen. Die Kugeln auf dem Blech etwa fingerdick flach drücken.
- ☐ Die Taler im vorgeheizten Ofen 15 Minuten backen. Sie sollten etwas Farbe bekommen. Aus dem Backofen nehmen und auf dem Blech abkühlen lassen.

Buchweizen-Maulbeer-Riegel

Low Fat | Body V | Brain | Event

20 Stück – 20 Portionen (pro Portion 1 Riegel)
Zubereitungszeit: 25 Minuten + Einweichen über Nacht + 15 Minuten Backzeit
Das wird gebraucht: Backpapier

p. P. (40 g) 90 kcal

KH	17 g	(77 kcal%)
F	1 g	(10 kcal%)
EW	3 g	(13 kcal%)

100 g Buchweizen
250 ml Wasser
100 g Rosinen
250 ml Milch (1,5 % Fett)
3 EL (30 g) Honig
200 g Dinkelvollkornmehl
50 g gepuffter Buchweizen
50 g getrocknete Maulbeeren
½ TL gemahlener Zimt
½ TL Salz

- ☐ Den Buchweizen mit dem Wasser in eine Schüssel geben und über Nacht im Kühlschrank einweichen lassen.
- ☐ Am nächsten Tag den Backofen auf 180 °C vorheizen.
- ☐ Die Rosinen mit der Milch und dem Honig in einem Mixer pürieren. Den eingeweichten Buchweizen in ein Sieb gießen und anschließend mit klarem Wasser abspülen. Den Buchweizen und den Milch-Rosinen-Mix zusammen in eine Schüssel geben.
- ☐ Das Dinkelvollkornmehl, den gepufften Buchweizen, die getrockneten Maulbeeren zusammen mit dem gemahlenen Zimt und dem Salz ebenfalls in die Schüssel geben und alle Zutaten gründlich miteinander vermengen.
- ☐ Ein Blech mit Backpapier auslegen. Die Masse gleichmäßig darauf verteilen und etwa fingerdick glatt streichen.
- ☐ Die Riegelmasse im Backofen 15 Minuten backen und anschließend auf dem Blech abkühlen lassen. In etwa 20 gleich große Riegel schneiden.

TIPP: Bei der Wettkampfvorbereitung je nach Verträglichkeit Dinkelmehl Type 630 statt Dinkelvollkornmehl verwenden. Für eine vegane Variante die Milch durch einen Pflanzendrink ersetzen und statt des Honigs Kokosblütensirup oder Ahornsirup verwenden.

Cranberrytaler mit Bohnen und Gojibeeren

Vegan | Laktosefrei | Low Fat | Event

30 Stück – 15 Portionen (pro Portion 2 Taler)
Zubereitungszeit: 25 Minuten + 10 Minuten Backzeit
Das wird gebraucht: Mixer, Backblech, Backpapier

p. P. (40 g) 110 kcal

KH	19 g	(70 kcal%)
F	2 g	(17 kcal%)
EW	3 g	(13 kcal%)

230 g gekochte weiße Bohnen
200 g getrocknete Cranberrys (gesüßt)
50 ml Haferdrink (ungesüßt)
3 EL (30 g) Agavendicksaft
1 ½ EL (15 g) Mandelmus
Mark von ½ Vanilleschote
1 EL Acaipulver
20 g Pistazien in der Schale geröstet und gesalzen
100 g feine Haferflocken
1 TL Weinstein-Backpulver
2 EL getrocknete Gojibeeren

- ☐ Den Backofen auf 180 °C vorheizen.
- ☐ Die gekochten Bohnen auf ein Sieb schütten und etwas abtropfen lassen.
- ☐ Die Cranberrys, den Haferdrink, den Agavendicksaft, das Mandelmus und das ausgekratzte Mark der halben Vanilleschote mit dem Acaipulver in einen Mixer geben. Die abgetropften Bohnen ebenfalls dazugeben und alles pürieren, bis eine homogene Masse entstanden ist.
- ☐ Die Pistazien schälen und mit einem Messer grob hacken und zur Seite stellen.
- ☐ Die Haferflocken mit dem Backpulver und den Gojibeeren in einer großen Schüssel mischen. Die pürierte Bohnenmasse zu der Haferflockenmischung geben und alles, am besten mit den Händen, gründlich vermengen.
- ☐ Ein Backblech mit einem Bogen Backpapier oder einer Backmatte belegen. Aus der Masse etwa walnussgroße Kugeln (je etwa 20 g) formen und mit etwas Abstand auf das Blech setzen. Die Kugeln fingerdick flach drücken, sodass kleine Taler entstehen.
- ☐ Jeden Taler mit etwas gehackter Pistazie bestreuen und im Backofen etwa 10 Minuten backen. Die Taler aus dem Ofen nehmen und auf dem Blech abkühlen lassen.

Exotischer Früchteriegel

Vegan | Laktosefrei | Body R

p. P. (40 g) 160 kcal

KH	9 g	(21 kcal%)
F	12 g	(70 kcal%)
EW	4 g	(9 kcal%)

18 Stück – 18 Portionen (pro Portion 1 Riegel)
Zubereitungszeit: 30 Minuten
Das wird gebraucht: Mixer

250 g Cashewnüsse
70 g Kokosöl
200 g getrocknete Mango (ungesüßt)
100 g getrocknete Ananas
70 ml Limettensaft
1 EL (10 g) Ahornsirup
36 Backoblaten (ø 70 mm)

- Die Cashewnüsse in einer Pfanne ohne Fett rösten. Anschließend abkühlen lassen.
- Das Kokosöl in einem Topf leicht erhitzen, bis es flüssig wird. Die abgekühlten Cashewnüsse und das Kokosöl zusammen mit den Trockenfrüchten, dem Limettensaft und dem Ahornsirup in einen Mixer geben und zu einer homogenen Masse pürieren. Es dürfen noch kleine Stücke enthalten sein.
- Jeweils 1 EL Fruchtmasse auf 18 Backoblaten gleichmäßig verteilen. Die Oblaten mit der Fruchtmassenfüllung jeweils mit einer zweiten Oblate bedecken. Die Schnitten wie ein Sandwich zusammendrücken.

REICH AN: Vitamin C

TIPP: Für eine glutenfreie Variante glutenfreie Backoblaten verwenden.

Hirse-Sauerkirsch-Riegel

Laktose-frei | Low Fat

p. P. (40 g) 126 kcal

KH	21 g (68 kcal%)
F	3 g (22 kcal%)
EW	3 g (10 kcal%)

20 Stück – 20 Portionen (pro Portion 1 Riegel)
Zubereitungszeit: 30 Minuten + 20 Minuten Backzeit
Das wird gebraucht: Backblech, Backpapier

100 g Hirse
300 ml Wasser
50 g Haselnüsse
50 g getrocknete Sauerkirschen
120 g Honig
70 g Apfelmus
2 EL (40 g) Buchweizenmehl
12 EL (40 g) Dinkelflakes (ungesüßt)
1 TL Weinstein-Backpulver

- Den Backofen auf 180 °C vorheizen.
- Das Wasser in einem Topf zum Kochen bringen. Die mit heißem Wasser abgespülte Hirse dazugeben und bei mäßiger Hitze etwa 20 Minuten garen, bis die Flüssigkeit aufgesogen ist. Die Hirse etwas abkühlen lassen.
- Die Haselnüsse und die getrockneten Sauerkirschen grob hacken.
- Den Honig in einem kleinen Topf vorsichtig erwärmen, bis er flüssig wird. Den Honig mit der gekochten Hirse in eine Schüssel geben. Die gehackten Nüsse und Sauerkirschen, das Apfelmus, das Mehl und die Flakes sowie das Backpulver dazugeben und alle Zutaten miteinander vermengen.
- Ein Backblech mit Backpapier oder einer Backmatte auslegen. Die Hirse-Sauerkirsch-Masse darauf verteilen und fingerdick zu einem Rechteck ausstreichen.
- Die Riegelmischung im Backofen etwa 20 Minuten backen. Anschließend auskühlen lassen und in gleichmäßig große Riegel schneiden.

TIPP: Für eine vegane Variante kann der Honig durch einen Sirup ersetzt werden. Wer auf »High Carb« achtet, kann pro Portion 2 Riegel essen.

Kürbis-Ingwer-Riegel

Vegan | Laktosefrei | Low Fat | Event

p. P. (40 g) 60 kcal

KH	9 g (60 kcal%)
F	1 g (20 kcal%)
EW	3 g (20 kcal%)

50 Stück – 50 Portionen (pro Portion 1 Riegel)
Zubereitungszeit: 45 Minuten + 20 Minuten Backzeit
+ 30 Wartezeit
Das wird gebraucht: Mixer, Backblech, Backpapier

800 g Hokkaido-Kürbis (küchenfertig gewogen)
400 ml Kokosmilch
50 g geschälte Pistazien
50 g Cashewnüsse
200 g feine Haferflocken
220 g Dinkelvollkornmehl
1 TL Weinstein-Backpulver
60 g gepuffter Amarant
30 g frischer Ingwer
200 g Ahornsirup
2 TL gemahlener Zimt
1 TL Salz

- ☐ Den Backofen auf 180 °C vorheizen.
- ☐ Den Kürbis in kleine Würfel (1 ½ cm) schneiden. Der Hokkaido-Kürbis muss nicht geschält werden. Die Kürbiswürfel zusammen mit der Kokosmilch in einen Topf geben, den Kürbis etwa 10 Minuten garen, bis er weich ist.
- ☐ In der Zwischenzeit die Pistazien und Cashewnüsse mit einem Messer grob hacken. Die gehackten Kerne zusammen mit den Haferflocken, dem Dinkelvollkornmehl, Backpulver und gepufften Amarant in einer Schüssel vermischen.
- ☐ Den Ingwer schälen und grob würfeln.
- ☐ Den weich gekochten Kürbis mit der Kokosmilch sowie den Ingwer, den Ahornsirup, den gemahlenen Zimt und das Salz in einen Mixer geben und pürieren, bis eine homogene Masse entstanden ist. Das Kürbispüree so lange abkühlen lassen, bis man es mit den Händen weiterverarbeiten kann.
- ☐ Das Kürbispüree zu den trockenen Zutaten in die Schüssel geben und am besten mit den Händen zu einem Teig vermengen.
- ☐ Ein Backblech mit Backpapier oder einer Backmatte belegen und den Teig etwa fingerdick daraufstreichen. Das geht am besten mit einem Löffel, der ab und zu in kaltes Wasser getaucht wird.

- ☐ Den Riegelteig im vorgeheizten Backofen etwa 20 Minuten backen. Anschließend auf dem Blech auskühlen lassen.
- ☐ Mit einem Messer in gleich große Riegel schneiden, ein Stück sollte etwa 40 g wiegen.

TIPP: Wenn ein ganzes Blech mit Riegeln zu viel ist, kann auch nur die Hälfte der Masse zubereitet werden. Dazu den Teig nur auf eine Seite des Blechs streichen und backen. Anschließend in Riegel schneiden.

Kerniger Müsliriegel

Laktose-frei | Body V

p. P. (40 g) 145 kcal

KH	19 g	(54 kcal%)
F	6 g	(35 kcal%)
EW	4 g	(11 kcal%)

20 Stück – 20 Portionen (pro Portion 1 Riegel)
Zubereitungszeit: 40 Minuten + 15 Minuten Backzeit
Das wird gebraucht: Mixer, Backblech, Backpapier

150 g Honig
150 g Apfeldicksaft
75 g Kokosöl
35 g Mandeln
4 Eiweiß
150 g Vier-Korn-Flocken
50 g Dinkelvollkornmehl
50 g feine Haferflocken
50 g gepuffter Amarant
35 g Kürbiskerne
15 g Sonnenblumenkerne
1 Prise Salz

- ☐ Den Backofen auf 180 °C vorheizen.
- ☐ Den Honig, den Apfeldicksaft und das Kokosöl in einem Topf vorsichtig erhitzen, bis alle Zutaten flüssig sind.
- ☐ Die Mandeln grob hacken.
- ☐ Das Eiweiß mit dem Handrührgerät zu steifem Eischnee schlagen.
- ☐ Die restlichen Zutaten in einer großen Schüssel mischen. Die flüssige Honig-Kokos-Mischung dazugeben und alles gründlich vermengen. Zum Schluss den Eischnee unterheben.
- ☐ Ein Backblech mit Backpapier auslegen. Den Teig darauf verteilen und fingerdick ausstreichen. Im heißen Backofen etwa 15 Minuten backen. Die Masse sollte fest werden und etwas Farbe bekommen.
- ☐ Aus dem Backofen nehmen, auf dem Blech abkühlen lassen und anschließend in gleich große Riegel schneiden.

Milchreis-Heidelbeer-Riegel und Kokos

Vegan | Laktosefrei | Glutenfrei | Low Fat | Body R | Brain

18 Stück – 18 Portionen (pro Portion 1 Riegel)
Zubereitungszeit: 30 Minuten + 30 Minuten Backzeit + evtl. 90 Minuten Auftauzeit
Das wird gebraucht: Auflaufform (30 × 20 cm), Backpapier

p. P. (40 g) 50 kcal

KH	8 g (65 kcal%)
F	1 g (15 kcal%)
EW	3 g (20 kcal%)

400 ml Kokosmilch
100 g Milchreis
60 g Heidelbeeren, frisch oder tiefgefroren
60 g Agavendicksaft
4 EL (40 g) Erbsen-Eiweißpulver
6 EL (30 g) Kokosraspel
2 TL (10 g) Maisstärke
1 Prise Salz

- Die Kokosmilch in einem Topf aufkochen lassen. Den Milchreis einrühren und den Herd auf kleine Stufe stellen. Bei schwacher Hitze den Reis etwa 20 Minuten garen, dabei öfter umrühren. Abschließend etwas abkühlen lassen.
- Den Backofen auf 180 °C vorheizen.
- Falls keine frischen Heidelbeeren verwendet werden, die tiefgefrorenen Heidelbeeren vor dem Reiskochen etwa 90 Minuten auftauen und auf einem Sieb abtropfen lassen. Heidelbeeren in den Milchreis rühren.
- Den Agavendicksaft zusammen mit dem Erbsen-Eiweißpulver, den Kokosraspeln sowie der Maisstärke und dem Salz zum Heidelbeer-Milchreis geben und alles gut vermischen.
- Eine rechteckige Auflaufform (30 × 20 cm) mit einem Bogen Backpapier auslegen. Dafür das Backpapier zunächst einmal kräftig zusammenknüllen und wieder auseinanderziehen. Die Heidelbeer-Milchreis-Mischung in die Form geben und etwa fingerdick ausstreichen. Ob die Auflaufform bis zu den Rändern ausgefüllt ist oder nicht, ist für das Backergebnis nicht wichtig. Die Masse läuft beim Backen nicht auseinander.
- Den Riegelteig etwa 30 Minuten im Backofen backen. Anschließend in der Form auskühlen lassen. Mithilfe des Backpapiers die gebackene Masse aus der Form heben, vorsichtig auf ein Schneidebrett stürzen und das Backpapier abziehen. Mit einem Messer in gleich große Riegel schneiden.

Honig-Nuss-Riegel

Laktose-frei | Event

18 Stück – 18 Portionen (pro Portion 1 Riegel)
Zubereitungszeit: 25 Minuten + 25 Minuten Backzeit
Das wird gebraucht: Backblech, Backpapier

p. P. (40 g) 135 kcal

KH	17 g	(54 kcal%)
F	5 g	(34 kcal%)
EW	4 g	(12 kcal%)

130 g Honig
60 g geschälte Pistazien
60 g Mandeln
150 g Apfelmus
240 g Vier-Korn-Flocken
50 g Dinkelvollkormnehl
1 TL Weinstein-Backpulver
15 g Zartbitter-Schokotropfen

- ☐ Den Backofen auf 180 °C vorheizen.
- ☐ Den Honig in einem kleinen Topf vorsichtig erwärmen, bis er flüssig wird.
- ☐ Die Pistazien und die Mandeln mit einem Messer grob hacken. Die gehackten Kerne mit dem Honig in eine Schüssel geben.
- ☐ Das Apfelmus, die Flocken und das Mehl mit dem Backpulver und die Schokotropfen dazugeben und alle Zutaten miteinander vermischen.
- ☐ Ein Backblech mit Backpapier oder einer Backmatte auslegen. Die Honig-Nuss-Masse gleichmäßig darauf verteilen und fingerdick zu einem Rechteck ausstreichen.
- ☐ Die Riegelmischung im Backofen etwa 20 Minuten backen und auf dem Blech auskühlen lassen. Nach dem Erkalten in Riegel schneiden.

REICH AN: Vitamin K

TIPP: Für eine vegane Variante kann der Honig mit der gleichen Menge Kokosblütensirup oder Agavendicksaft ersetzt werden.

Mango-Cranberry-Riegel

Laktose-frei | Event

p. P. (40 g) 160 kcal

KH	21 g	(54 kcal%)
F	7 g	(41 kcal%)
EW	2 g	(5 kcal%)

22 Stück – 22 Portionen (pro Portion 1 Riegel)
Zubereitungszeit: Buchweizen über Nacht einweichen, 25 Minuten + 30 Minuten Backzeit
Das wird gebraucht: Mixer, Backblech, Backpapier

100 g Buchweizen
150 g Kokosöl
60 g getrocknete Mango (ungesüßt)
1 TL gemahlener Zimt
40 g geschälte Pistazien
60 g Mandeln
200 g getrocknete Cranberrys (gesüßt)
200 g feine Haferflocken
100 g Roh-Rohrzucker
50 g Kokosblütensirup
1 Prise Salz
1 Ei (Größe M)

- ☐ Den Buchweizen mit ausreichend viel Wasser in eine Schüssel geben und über Nacht im Kühlschrank einweichen.
- ☐ Am nächsten Tag den Backofen auf 180 °C vorheizen.
- ☐ Den Buchweizen in ein Sieb gießen und mit klarem Wasser abspülen.
- ☐ Das Kokosöl in einem Topf vorsichtig erwärmen, bis es flüssig wird. Das flüssige Kokosöl mit der getrockneten Mango und dem gemahlenen Zimt in einem Mixer pürieren.
- ☐ Die geschälten Pistazien, die Mandeln und die Cranberrys mit einem Messer grob hacken. Das Mangopüree mit den gehackten Kernen und Cranberrys in eine Schüssel geben. Den eingeweichten Buchweizen, die Haferflocken, den Zucker und den Sirup sowie das Salz dazugeben.
- ☐ Das Ei mit dem Schneebesen etwas verquirlen und ebenfalls in die Schüssel geben. Alle Zutaten gründlich miteinander vermengen.
- ☐ Ein Backblech mit Backpapier oder einer Backmatte auslegen und die Masse gleichmäßig fingerdick darauf verteilen. Im vorgeheizten Backofen etwa 30 Minuten backen, bis die Riegel etwas Farbe bekommen haben. Auf dem Blech auskühlen lassen und in gleichmäßig große Riegel schneiden.

Müslitaler mit Erdnuss und Banane

Laktosefrei | Low Fat

p. P. (40 g) 125 kcal
KH 19 g (66 kcal%)
F 3 g (22 kcal%)
EW 3 g (12 kcal%)

20 Stück – 20 Portionen (pro Portion 1 Taler)
Zubereitungszeit: 25 Minuten + 10 Minuten Backzeit
Das wird gebraucht: Mixer, Backblech, Backpapier

50 g Erdnüsse (in der Schale geröstet und gesalzen)
2 Bananen
200 g getrocknete Cranberrys (gesüßt)
4 EL (80 g) Honig
½ TL Salz
150 g Dinkelvollkornmehl
50 g gemahlene Mandeln
110 g feine Haferflocken

- ☐ Den Backofen auf 180 °C vorheizen. Ein Blech mit Backpapier auslegen.
- ☐ Die Erdnüsse aus der Schale lösen und mit einem Messer grob hacken.
- ☐ Die Bananen schälen und mit den Cranberrys, dem Honig und dem Salz in einem Mixer pürieren.
- ☐ Das Fruchtpüree in eine Schüssel geben und mit dem Dinkelvollkornmehl, den gehackten Erdnüssen, den gemahlenen Mandeln und den Haferflocken vermengen.
- ☐ Aus dem Teig kleine Kugeln (Gewicht jeweils etwa 40 g) formen. Die Bällchen mit etwas Abstand auf das Backblech setzen und zu fingerdicken Talern flach drücken.
- ☐ Die Müslitaler im vorgeheizten Ofen etwa 10 Minuten backen.

TIPP: Für eine vegane Variante kann der Honig beispielsweise durch Kokosblütensirup oder durch Agavendicksaft ersetzt werden.

Quinoa-Frucht-Schnitten

Vegan | Laktosefrei

25 Stück – 25 Portionen (pro Portion 1 Schnitte)
Zubereitungszeit: 30 Minuten
Das wird gebraucht: Mixer

p. P. (50 g) 160 kcal

KH	16 g (45 kcal%)
F	8 g (45 kcal%)
EW	4 g (10 kcal%)

250 ml Wasser
80 g Quinoa
190 g Datteln
200 g getrocknete Feigen
120 g getrocknete Aprikosen (ungeschwefelt)
70 g Zuckerrübensirup
Saft von 2 Orangen
1 TL gemahlener Zimt
200 g Walnüsse
100 g Mandeln
50 Backoblaten (ø 70 mm)

- Das Wasser in einem Topf zum Kochen bringen. Die mit heißem Wasser abgespülte Quinoa dazugeben und bei mäßiger Hitze etwa 20 Minuten garen, bis die Flüssigkeit aufgesogen ist (bitte auch die Packungsangabe beachten).
- In der Zwischenzeit die Datteln entsteinen. Die Datteln mit den getrockneten Feigen und Aprikosen, dem Zuckerrübensirup, dem Orangensaft und dem gemahlenen Zimt in einem Mixer zu einer homogenen Masse mixen.
- Die Walnüsse und die Mandeln mischen und grob hacken. Die gekochte Quinoa mit der Nussmischung und der Fruchtmasse in einer Schüssel vermengen.
- Die Masse portionsweise auf 25 Backoblaten verteilen (jeweils etwa 1 EL). Jede Oblate mit einer weiteren Backoblate bedecken und etwas flach drücken, bis Füllung und Rand miteinander abschließen.

REICH AN: Vitamine A und E

TIPP: Die Schnitten sind auch glutenfrei, wenn bei der Zubereitung glutenfreie Backoblaten verwendet werden.

Schoko-Bananen-Riegel

Vegan | Laktosefrei | Glutenfrei | Low Carb | Body R | Event

30 Stück – 15 Portionen (pro Portion 2 Riegel)
Zubereitungszeit: 20 Minuten + 15 Minuten Backzeit
Das wird gebraucht: Backblech, Backpapier

p. P. (40 g) 190 kcal

KH	10 g	(22 kcal%)
F	14 g	(67 kcal%)
EW	5 g	(11 kcal%)

100 g Walnüsse
70 g Zartbitterschokolade
1 Banane
150 g gemahlene Mandeln
50 g geschrotete Leinsamen
3 EL (15 g) Kakaopulver
100 g Agavendicksaft
3 EL (30 g) Mandelmus
1 TL Backnatron
½ TL Salz
Mark von 1 Vanilleschote

- Den Backofen auf 180 °C vorheizen.
- Die Walnüsse mit einem Messer grob hacken. Die Zartbitterschokolade mit dem Messer fein hacken und mit den gehackten Walnüssen in einer großen Schüssel mischen.
- Die Banane schälen, mit einer Gabel zerdrücken und mit allen anderen Zutaten zu der Walnuss-Schoko-Mischung in die Schüssel geben.
- Die Zutaten am besten mit den Händen zu einem Teig kneten.
- Ein Backblech komplett mit Backpapier belegen. Die Masse reicht für die Hälfte eines Blechs. Die Masse auf eine Seite des Blechs geben. Die andere Hälfte des Backpapiers darüberklappen. Den Teig mit den Händen etwa fingerdick flach drücken. Anschließend die obere Hälfte des Backpapiers wieder zurückklappen und abschneiden.
- Den Teig im vorgeheizten Backofen etwa 15 Minuten backen.
- Aus dem Backofen nehmen, auskühlen lassen und anschließend in Riegel (je 20 g) schneiden.

REICH AN: Vitamin E

TIPP: Wer auf »High Protein« achtet, kann pro Portion 4 Riegel essen.

Süßkartoffelriegel mit Kurkuma

Vegan | Laktosefrei | Event

p. P. (40 g) 95 kcal

KH	14 g (60 kcal%)
F	3 g (30 kcal%)
EW	3 g (10 kcal%)

48 Stück – 48 Portionen (pro Portion 1 Riegel)
Zubereitungszeit: 45 Minuten + 10 Minuten Backzeit
Das wird gebraucht: Mixer, Backblech, Backpapier

400 g Süßkartoffel (küchenfertig gewogen)
400 ml Wasser
50 g Mandeln
150 g getrocknete Sauerkirschen
400 g Dinkelvollkornmehl
60 g gepuffte Quinoa
50 g gemahlene Mandeln
1 TL Salz
200 g getrocknete Mango (ungesüßt)
120 g Ahornsirup
120 g Mandelmus
1 TL gemahlene Kurkuma
abgeriebene Schale und Saft von 2 unbehandelten Zitronen

- ☐ Den Backofen auf 180 °C vorheizen.
- ☐ Die geschälten Süßkartoffeln in Würfel (etwa 1 ½ cm) schneiden. Zusammen mit dem Wasser in einen Topf geben und etwa 15 Minuten garen, bis sie weich sind.
- ☐ In der Zwischenzeit die Mandeln mit einem Messer grob hacken. Die getrockneten Sauerkirschen mit dem Messer grob zerkleinern. Beide Zutaten in eine große Schüssel geben.
- ☐ Das Dinkelvollkornmehl, die gepuffte Quinoa, die gemahlenen Mandeln und das Salz zur Mandel-Sauerkirsch-Mischung geben.
- ☐ Die weich gekochten Süßkartoffeln mit dem Kochwasser, der getrockneten Mango, dem Mandelmus und dem Ahornsirup in einen Mixer geben. Die gemahlene Kurkuma, die abgeriebene Schale und den Saft von 1 Zitrone dazugeben und alles fein pürieren.
- ☐ Das Süßkartoffel-Mango-Püree zu den trockenen Zutaten in die Schüssel geben und alles mit den Händen gründlich verkneten.

- Ein Backblech mit einem Bogen Backpapier oder einer Backmatte belegen und die Masse fingerdick darauf verstreichen. Dazu einen Löffel zur Hilfe nehmen, diesen ab und zu in Wasser tauchen.
- Im vorgeheizten Backofen etwa 10 Minuten backen. Aus dem Backofen nehmen und nach dem Abkühlen in Riegel schneiden.

REICH AN: Vitamin A

TIPP: Wenn ein ganzes Blech mit Riegeln zu viel ist, kann man auch nur die Hälfte der Masse vorbereiten, auf eine Seite des Backblechs streichen und backen. Wer möchte, kann zum Backen auch eine spezielle Riegelform verwenden und den Teig portionsweise backen.

Sesam-Honig-Makronen

Laktosefrei | Glutenfrei | Low Carb | Body F

18 Stück – 9 Portionen (pro Portion 2 Makronen)
Zubereitungszeit: 15 Minuten + 20 Minuten Backzeit
Das wird gebraucht: Mixer, Backblech, Backpapier

p. P. (40 g) 225 kcal

KH	7 g	(13 kcal%)
F	18 g	(72 kcal%)
EW	8 g	(15 kcal%)

100 g Mandeln
75 g Walnüsse
75 g Kürbiskerne
50 g ungeschälter Sesam
1 Eiweiß
3 EL (60 g) Honig
½ TL Salz

- Den Backofen auf 130 °C vorheizen.
- Die Mandeln, die Walnüsse und die Kürbiskerne mit einem Messer grob hacken und zusammen in einer Schüssel mischen. Den Sesam ebenfalls dazugeben.
- Das Eiweiß zusammen mit dem Honig und dem Salz mit einem Handrührgerät zu steifem Schnee schlagen.
- Den Eischnee vorsichtig unter die Nuss-Kern-Mischung heben.
- Ein Backblech mit einem Bogen Backpapier oder mit einer Backmatte belegen. Aus der Masse mit einem Löffel 18 Häufchen abnehmen und auf das Blech setzen. Im vorgeheizten Backofen etwa 20 Minuten backen.

REICH AN: Vitamin E sowie Magnesium und Zink

TIPP: Wer auf »High Protein« achtet, kann pro Portion 3 Makronen essen.

Süßsalzige Haferriegel

Vegan | Laktosefrei | Body V | Body W | Event

14 Stück – 14 Portionen (pro Portion 1 Riegel)
Zubereitungszeit: 40 Minuten + 20 Minuten Backzeit
Das wird gebraucht: Mixer, Backblech, Backpapier

p. P. (40 g) 170 kcal

KH	22 g	(53 kcal%)
F	7 g	(37 kcal%)
EW	4 g	(10 kcal%)

50 g Salzstangen
150 g Birnendicksaft
100 g getrocknete Cranberrys (gesüßt)
100 g Mandeln
3 EL (30 g) Rapsöl
100 g feine Haferflocken
3 EL (30 g) Dinkelvollkornmehl

- □ Den Backofen auf 150 °C vorheizen.
- □ Die Salzstangen mit den Händen zerbröseln.
- □ Den Birnendicksaft in einem Topf etwas erwärmen, bis er flüssig ist. Die Cranberrys mit dem flüssigen Birnendicksaft, den Mandeln und dem Rapsöl in einem Mixer zu einer homogenen Masse mixen. Es darf noch das eine oder andere Stückchen darin sein.
- □ Die Cranberry-Mandel-Masse in eine Schüssel geben und die Haferflocken, das Dinkelvollkornmehl und die zerbröselten Salzstangen damit vermengen.
- □ Ein Backblech mit einem Bogen Backpapier oder einer Backmatte auslegen und die Masse darauf zu einem Rechteck ausstreichen. Die Masse sollte etwa fingerdick sein.
- □ Im heißen Backofen etwa 20 Minuten backen, bis sie fest geworden ist und leicht Farbe bekommen hat.
- □ Nach dem Auskühlen in gleich großen Riegel (je etwa 40 g) schneiden.

REICH AN: Vitamine E und K

Quittenbrot

Vegan | Laktosefrei | Glutenfrei | Body V | Body W

140 Stück – 35 Portionen (pro Portion 5 Quittenwürfel)
Zubereitungszeit: 1 Stunde 45 Minuten + 1 Woche zum Trocknen
Das wird gebraucht: Mixer, Backblech, Backpapier

p. P. (50 g) 100 kcal

KH	24 g	(98 kcal%)
F	1 g	(1 kcal%)
EW	1 g	(1 kcal%)

1 kg Quitten
etwa 750 g Roh-Rohrzucker
40 g Maltodextrin 12 (siehe Seite 36)
1 Prise Salz

- ☐ Mit einem Tuch die Quitten abreiben und danach waschen. Die Quitten je nach Größe vierteln oder achteln. In einen Topf geben und mit Wasser bedecken. Die Quitten etwa 45 Minuten kochen, bis sie weich sind.
- ☐ Die Quitten auf ein Sieb abgießen, nach dem Erkalten die Kerngehäuse entfernen und das Fruchtfleisch wiegen.
- ☐ Die Quitten in einem Mixer pürieren. Das Quittenmus mit der gleichen Menge Roh-Rohrzucker und dem Maltodextrin in einen Topf geben. Das Mengenverhältnis von Roh-Rohrzucker und Quitten sollte genau 1:1 sein.
- ☐ Das Quittenmus bei kleiner Stufe unter Rühren einkochen. Zu Beginn reicht es, wenn man ab und zu mit einem Kochlöffel rührt. Kocht die Masse mehr und mehr, muss man immer öfter rühren, damit die Masse nicht anbrennt. Gegen Ende muss die Masse ständig gerührt werden. Sie wird im Verlauf des Kochvorgangs immer dunkler und fester. Sie ist fertig, wenn man mit dem Kochlöffel am Boden des Topfes entlangfährt und die Furche sich nur sehr langsam schließt. Der Vorgang kann bis zu 1 Stunde oder auch länger dauern.
- ☐ Ist der Kochvorgang abgeschlossen, die Masse etwa fingerdick auf ein mit Backpapier ausgelegtes Blech streichen.
- ☐ Auf dem Blech mehrere Tage, am besten an einem warmen Ort, trocknen. Nach 2 – 3 Tagen in Würfel (je etwa 3 cm, 10 g) schneiden. Einige Tage weitertrocknen, bis sie sich kaum noch klebrig anfühlen.

TIPP: Ist das Quittenbrot ausreichend getrocknet, kann man es in einer Dose mit Deckel mehrere Monate aufbewahren.

▶ Mal mehr, mal wenig Kohlenhydrate: Das Quittenbrot (Foto oben) schmeckt fruchtig und enthält für die Vorbereitung und den sportlichen Wettkampf selbst viele Kohlenhydrate. Die Sesam-Honig-Makronen (Foto unten, Rezepte Seite 100) sind für die Low-Carb-Ernährung geeignet.

Waffeln, Pancakes, Zimtschnecken und mehr

Darf's ein bisschen mehr Energie, Kohlenhydrate oder Eiweiß sein? Ist der Bedarf an Vitaminen und Mineralstoffen gerade besonders hoch? Kleine Bällchen oder Riegel sind eine gute, aber nicht immer die beste Wahl. Gebäck wie Brotpudding, Zimtschnecken, Waffeln oder Pfannkuchen helfen während anstrengender Trainingseinheiten, vor und im sportlichen Wettkampf, aber auch beim Lernen oder am Arbeitsplatz, leere Speicher wieder aufzufüllen und gut gelaunt »am Ball zu bleiben«. Auch auf dem Kuchenbuffet bei einer Sportveranstaltung und der (Vereins-)Feier sind die süßen oder pikanten Teilchen eine willkommene Abwechslung.

GUT ZU WISSEN: Waffeln, Zimtschnecken, Brotpudding und Pancakes ohne Füllung können sehr gut in Butterbrotpapier oder ein Bienenwachstuch eingeschlagen und mitgenommen werden. Natürlich ist auch die klassische Brotdose ein gutes Transportgefäß, vor allem aber dann, wenn Pfannkuchen, Pancakes und Waffeln mit einer leckeren Creme gefüllt werden. Fürs kluge Zeitmanagement ist es sinnvoll, gleich eine größere Menge an Brotpudding, Waffeln und Hefegebäck zuzubereiten. Sie lassen sich prima einfrieren und über Nacht im Kühlschrank wieder auftauen.

Brotpudding mit Apfel und Walnuss

Event

p. P. (60 g) 110 kcal

KH	15 g	(54 kcal%)
F	4 g	(34 kcal%)
EW	4 g	(12 kcal%)

12 Stück – 12 Portionen (pro Portion 1 Brotpudding)
Zubereitungszeit: 40 Minuten + 20 Minuten Backzeit
Das wird gebraucht: Mixer, Muffinform

200 g Äpfel
50 g Walnüsse
1 TL gemahlener Zimt
100 g altbackene Brötchen (ohne Körner)
250 ml Milch (1,5 % Fett)
Mark von ½ Vanilleschote
2 Eier (Größe M)
60 g Roh-Rohrzucker
25 g Hartweizengrieß
etwas Kokosöl für die Form (Zimmertemperatur)

- ☐ Den Backofen auf 180 °C vorheizen.
- ☐ Den Apfel in kleine Würfel (etwa ½ cm) schneiden. Die Walnüsse mit einem Messer grob hacken. Die Apfelwürfel, die gehackte Walnüsse und den gemahlenen Zimt miteinander in einer Schüssel mischen.
- ☐ Die Brötchen in Würfel (etwa 1 ½ cm) schneiden und in eine separate große Schüssel geben. Die Milch mit dem herausgelösten Vanillemark in einem kleinen Topf erhitzen. Die heiße Milch über die Brötchenwürfel gießen und vermengen. Die eingeweichten Brötchen etwa 5 Minuten ziehen lassen.
- ☐ Die Eier trennen. Das Eigelb, den Roh-Rohrzucker, die Apfel-Walnuss-Mischung und den Hartweizengrieß mit der Brötchenmasse gründlich vermengen.
- ☐ Das Eiweiß mit einem Handrührgerät steif schlagen. Den Eischnee unter die Brötchenmasse heben.
- ☐ Mit einem Pinsel eine Muffinform mit Kokosöl einfetten. Jeweils etwa 1 ½ gehäufte EL Teig in eine Mulde füllen. Der Teig geht etwas auf.
- ☐ Den Brotpudding im vorgeheizten Backofen etwa 20 Minuten backen, bis er fest geworden ist und Farbe bekommen hat. Anschließend in der Form auskühlen lassen.
- ☐ Wird eine 6er-Muffinform verwendet, den Teig in zwei Portionen backen.

Brotpudding mit Heidelbeeren

Low Fat | Body R | Brain | Event

12 Stück – 12 Portionen (pro Portion 1 Brotpudding)
Zubereitungszeit: 40 Minuten + evtl. 90 Minuten Wartezeit + 20 Minuten Backzeit
Das wird gebraucht: Mixer, Muffinform

p. P. (60 g) 90 kcal

KH	12 g	(60 kcal%)
F	2 g	(20 kcal%)
EW	4 g	(20 kcal%)

200 g frische oder tiefgefrorene Heidelbeeren
100 g altbackene Brötchen (ohne Körner)
250 ml Milch (1,5 % Fett)
Mark von ½ Vanilleschote
2 Eier (Größe M)
60 g Roh-Rohrzucker
1 TL gemahlener Zimt
2 EL (20 g) Erbsen-Eiweißpulver
25 g Hartweizengrieß
etwas Kokosöl für die Form (Zimmertemperatur)

- ☐ Tiefgefrorene Heidelbeeren etwa 90 Minuten auftauen und auf einem Sieb abtropfen lassen. Frische Heidelbeeren waschen und abtropfen lassen.
- ☐ Den Backofen auf 180 °C vorheizen.
- ☐ Die Brötchen in kleine Würfel (etwa 1 ½ cm) schneiden und in eine Schüssel geben. Die Milch mit dem herausgelösten Vanillemark in einem Topf erhitzen. Die heiße Milch über die Brötchenwürfel gießen und vermengen. Die eingeweichten Brötchenwürfel etwa 5 Minuten in der Milch ziehen lassen.
- ☐ Die Eier trennen. Das Eigelb, den Roh-Rohrzucker, den Zimt, das Erbsen-Eiweißpulver und den Hartweizengrieß gründlich mit der Brötchenmasse in der Schüssel vermengen. Die Heidelbeeren vorsichtig darunter mischen.
- ☐ Das Eiweiß mit einem Handrührgerät steif schlagen. Den Eischnee unter die Brötchenmasse heben.
- ☐ Eine 12er-Muffinform mit dem Kokosöl einfetten. In jede Mulde etwa 1 ½ gehäufte EL des Teigs füllen. Wird eine Form mit sechs Mulden verwendet, den Teig in zwei Portionen backen.
- ☐ Den Brotpudding im vorgeheizten Backofen etwa 20 Minuten backen, bis der Teig etwas aufgegangen und fest geworden ist und Farbe bekommen hat. In der Form auskühlen lassen.

Brotpudding mit Kirschen

Low Fat | Brain | Event

12 Stück – 12 Portionen (pro Portion 1 Brotpudding)
Zubereitungszeit: 40 Minuten + 20 Minuten Backzeit
Das wird gebraucht: Mixer, Muffinform

p. P. (60 g) 80 kcal

KH	13 g	(69 kcal%)
F	1 g	(13 kcal%)
EW	3 g	(18 kcal%)

200 g entsteinte Sauerkirschen (aus dem Glas)
100 g altbackene Brötchen (ohne Körner)
250 ml Milch (1,5 % Fett)
Mark von ½ Vanilleschote
2 Eier (Größe M)
60 g Roh-Rohrzucker
25 g Hartweizengrieß
etwas Kokosöl für die Form (Zimmertemperatur)

- □ Den Backofen auf 180 °C vorheizen.
- □ Die Sauerkirschen abgießen und auf einem Sieb abtropfen lassen.
- □ Die Brötchen in kleine Würfel (etwa 1 ½ cm) schneiden und in eine Schüssel geben. Die Milch mit dem herausgelösten Vanillemark in einem Topf erhitzen. Die heiße Milch über die Brötchenwürfel gießen und vermengen. Die eingeweichten Brötchenwürfel etwa 5 Minuten in der Milch ziehen lassen.
- □ Die Eier trennen. Das Eigelb, den Roh-Rohrzucker und den Hartweizengrieß gründlich mit der Brötchenmasse in der Schüssel vermengen. Die Kirschen darunter mischen.
- □ Das Eiweiß mit einem Handrührgerät steif schlagen. Den Eischnee unter die Brötchenmasse heben.
- □ Mit einem Pinsel eine 12er-Muffinform mit etwas Kokosöl einfetten. In jede Mulde der Muffinform etwa 1 ½ gehäufte EL des Teigs füllen. Der Teig geht etwas auf.
- □ Den Brotpudding im vorgeheizten Backofen etwa 20 Minuten backen, bis der Teig Farbe bekommen hat und fest geworden ist. In der Form auskühlen lassen und dann erst herausnehmen.

Pancakes mit Bananen-Mandel-Füllung

Vegan | Laktosefrei | Body V | Event

28 Stück – 14 Portionen (pro Portion 2 Pancakes mit Füllung)
Zubereitungszeit: 40 Minuten

p. P. (75 g) 170 kcal

KH	20 g	(50 kcal%)
F	8 g	(40 kcal%)
EW	4 g	(10 kcal%)

Für den Teig:
250 ml Mandeldrink (ungesüßt)
60 g Mandelmus
4 EL (40 g) Ahornsirup
1 Prise Salz
150 g Dinkelvollkornmehl
1 TL Weinstein-Backpulver
etwas Öl zum Backen

Für die Füllung:
2 Bananen
etwa 50 g Mandelmus

- Für den **Teig** den Mandeldrink, das Mandelmus und den Ahornsirup in ein hohes Rührgefäß geben. Das Salz dazugeben. Das Dinkelvollkornmehl mit dem Backpulver mischen und in das Rührgefäß geben. Mit dem Handrührgerät zu einem glatten Teig verrühren.
- Eine beschichtete Pfanne auf mittlerer Temperatur erhitzen. Etwas Öl in die heiße Pfanne geben. Den Teig portionsweise zu 28 Pancakes ausbacken. Dafür jeweils 1 EL Teig pro Pancake in die Pfanne geben, je nach Pfannengröße 3 – 4 Pancakes auf einmal backen. Die Pancakes von beiden Seiten etwa 1 Minute ausbacken.
- Für die **Füllung** die Bananen schälen und in etwa 1 cm dicke Scheiben schneiden. Die Hälfte der Pancakes (14 Stück) jeweils mit einem ½ TL Teelöffel Mandelmus bestreichen. Auf die bestrichenen Pancakes jeweils vier Bananenscheiben legen und mit einem der restlichen Pancakes bedecken.

REICH AN: Eisen

TIPP: In der Vorbereitung auf einen sportlichen Wettkampf je nach Verträglichkeit statt Dinkelvollkornmehl Dinkelmehl Type 630 verwenden.

Pancakes mit Kokos

Body R | Brain | Event

p. P. (40 g)	195 kcal
KH	20 g (42 kcal%)
F	8 g (40 kcal%)
EW	8 g (18 kcal%)

21 Stück – 7 Portionen (pro Portion 3 Pancakes)
Zubereitungszeit: 30 Minuten
Das wird gebraucht: Mixer

3 Eier (Größe M)
300 ml Milch (1,5 % Fett)
3 ½ EL (25 g) Roh-Rohrzucker
50 g Kokosraspel
1 EL (10 g) Erbsen-Eiweißpulver
150 g Dinkelvollkornmehl
1 EL (20 g) Kokosöl

- Die Eier aufschlagen und zusammen mit der Milch, dem Roh-Rohrzucker, den Kokosraspeln, dem Erbsen-Eiweißpulver und dem Dinkelvollkornmehl in einen Mixer geben und zu einer homogenen Masse pürieren.
- Eine beschichtete Pfanne auf mittlerer Temperatur erhitzen. Wenn die Pfanne heiß ist, etwas von dem Kokosöl in die Pfanne geben. Je nach Pfannengröße 3 – 4 Pancakes auf einmal in der Pfanne backen. Dafür pro Pancake etwa 2 EL Teig in die Pfanne geben. Die Pancakes nach etwa 1 Minute wenden. Nach einer weiteren Minute die Pancakes herausnehmen. Den gesamten Teig auf diese Weise verarbeiten.

REICH AN: Vitamine D, B_{12}, Biotin und Folsäure sowie Eisen

Pancakes mit Mandeln und Cranberry

Vegan | Laktosefrei | Low Fat | Body V | Body W | Event

27 Stück – 9 Portionen (pro Portion 3 Pancakes)
Zubereitungszeit: 40 Minuten

p. P. (75 g) 170 kcal	
KH	25 g (60 kcal%)
F	5 g (28 kcal%)
EW	5 g (12 kcal%)

70 g Mandeln
250 ml Mandeldrink (ungesüßt)
60 g Sojaghurt
60 g Roh-Rohrzucker
Mark von ½ Vanilleschote
1 Prise Salz
150 g Dinkelvollkornmehl
1 TL Weinstein-Backpulver
70 g Cranberrys (gesüßt)
etwas Öl

- ☐ Die Mandeln mit einem Messer grob hacken.
- ☐ Den Mandeldrink, den Sojaghurt, den Roh-Rohrzucker und das Vanillemark in ein hohes Rührgefäß geben. Das Salz dazugeben. Das Dinkelvollkornmehl mit dem Backpulver mischen und in das Rührgefäß geben. Mit dem Handrührgerät zu einem glatten Teig verrühren.
- ☐ Den Teig in eine Schüssel geben und mit einem Löffel die gehackten Mandeln und die Cranberrys unter den Teig heben.
- ☐ Eine beschichtete Pfanne auf mittlerer Temperatur erhitzen. Etwas Öl in die heiße Pfanne geben und den Teig portionsweise zu Pancakes ausbacken. Pro Pancake jeweils 1 EL Teig in die Pfanne geben und je nach Pfannengröße 3 – 4 Pancakes auf einmal backen. Die Pancakes von beiden Seiten etwa 1 Minute braten.

REICH AN: Vitamine E und B_{12}

Pancakes mit Mais und Bohnen

Vegan | Laktosefrei | Low Fat | Body V | Body W | Event

18 Stück – 6 Portionen (pro Portion 3 Pancakes)
Zubereitungszeit: 30 Minuten

p. P. (100 g) 165 kcal

KH	26 g	(65 kcal%)
F	4 g	(25 kcal%)
EW	4 g	(10 kcal%)

250 ml Mandeldrink (ungesüßt)
60 g Sojaghurt
1 TL Currypulver
1 Prise Salz
150 g Buchweizenmehl
1 TL Weinstein-Backpulver
120 g gekochte Kichererbsen
40 g gekochte Kidneybohnen
40 g gekochter Gemüsemais
2 EL Öl

- ☐ Den Mandeldrink und den Sojaghurt in ein hohes Rührgefäß geben. Das Currypulver und das Salz dazugeben. Das Buchweizenmehl mit dem Backpulver mischen und in das Rührgefäß geben. Mit dem Handrührgerät zu einem glatten Teig verrühren.
- ☐ Den Teig in eine Schüssel geben. Die gekochten Kichererbsen, Bohnen und Maiskörner mit einem Löffel unterheben.
- ☐ Eine beschichtete Pfanne auf mittlerer Temperatur erhitzen. Wenn die Pfanne heiß ist, etwas Öl in die Pfanne geben. Je nach Pfannengröße 3 – 4 Pancakes auf einmal in der Pfanne backen. Dafür pro Pancake 1 EL Teig in die Pfanne geben. Die Pancakes nach etwa 1 Minute wenden. Nach einer weiteren Minute die Pancakes herausnehmen. Den gesamten Teig auf diese Weise verarbeiten.

Süßkartoffel-Pancakes

Vegan | Laktosefrei | Glutenfrei | Low Fat | Body V | Body W

18 Stück – 6 Portionen (pro Portion 3 Pancakes)
Zubereitungszeit: 40 Minuten

p. P. (100 g) 155 kcal

KH	26 g	(67 kcal%)
F	4 g	(25 kcal%)
EW	3 g	(8 kcal%)

100 g Süßkartoffeln (küchenfertig)
2 EL Öl
250 ml Mandeldrink (ungesüßt)
60 g Sojaghurt
1 TL gemahlener Zimt
1 Prise Salz
150 g Buchweizenmehl
1 TL Weinstein-Backpulver
etwas Öl zum Braten

- Die geschälten Süßkartoffeln in kleine Würfel (etwa ½ cm) schneiden. Das Öl in einem Topf erhitzen. Die Süßkartoffel im heißen Öl auf mittlerer Stufe anbraten. So lange unter Rühren weiterbraten, bis die Süßkartoffeln weich sind.
- Den Mandeldrink, den Sojaghurt, den gemahlenen Zimt und das Salz in ein hohes Rührgefäß geben. Das Buchweizenmehl mit dem Backpulver mischen und dazugeben. Mit dem Handrührgerät zu einem glatten Teig verrühren.
- Den Teig in eine Schüssel umfüllen und die Süßkartoffeln mit einem Löffel unterheben.
- Eine beschichtete Pfanne auf mittlerer Temperatur erhitzen. Etwas Öl in die heiße Pfanne geben und den Teig portionsweise zu Pancakes ausbacken. Pro Pancake jeweils 1 EL Teig in die Pfanne geben und je nach Pfannengröße 3 – 4 Pancakes auf einmal backen. Die Pancakes von beiden Seiten etwa 1 Minute braten.

REICH AN: Vitamin E

Pfannkuchen mit Mandeln und Erdbeeren

High Protein | Body K | Body R | Event

5 Stück – 5 Portionen (pro Portion 1 Pfannkuchen)
Zubereitungszeit: 45 Minuten
Das wird gebraucht: Mixer, Pfanne mit ø 28 cm

p. P. (180 g) 250 kcal

KH	25 g (41 kcal%)
F	9 g (34 kcal%)
EW	15 g (25 kcal%)

2 Eier (Größe M)
5 EL (35 g) Roh-Rohrzucker
250 ml Milch (1,5 % Fett)
50 g gemahlene Mandeln
1 Prise Salz
100 g Dinkelvollkornmehl
125 g Erdbeeren
2 EL Rapsöl für die Pfanne
200 g Quark (Magerstufe)

- ☐ Die Eier aufschlagen und zusammen mit dem Roh-Rohrzucker, der Milch, den gemahlenen Mandeln, dem Salz und dem Dinkelvollkornmehl in einen Mixer geben. Die Zutaten zu einem homogenen Teig mixen. Man kann dafür auch einen Schneebesen verwenden.
- ☐ Die Erdbeeren putzen und in dünne Scheiben schneiden.
- ☐ Eine Pfanne auf mittlere Temperatur erhitzen. Mit einem Stück Küchenpapier oder mit einem Pinsel die Pfanne mit etwas Öl einfetten. Nacheinander den Teig zu dünnen Pfannkuchen verarbeiten. Dabei nach jedem Pfannkuchen die Pfanne erneut mit etwas Öl ausreiben. Die fertigen Pfannkuchen auf einem Teller stapeln.
- ☐ Auf jeden Pfannkuchen jeweils etwa 2 EL Quark verstreichen. Auf der vorderen, zugewandten Hälfte des Pfannkuchens anschließend jeweils gleichmäßig einige Erdbeerscheiben verteilen. Die Pfannkuchen eng zusammenrollen.

REICH AN: Vitamine B_1, B_2, C, Niacin, Pantothensäure, Biotin, Folsäure sowie Eisen und Zink

TIPP: Außerhalb der Erdbeerzeit kann jedes andere Obst nach Saison und Geschmack verwendet werden. Damit sich der Pfannkuchen gut rollen lässt, sollten die Früchte aber in möglichst dünne Scheiben geschnitten werden.

Pfannkuchen mit Apfel und Rosinen

High Carb | Low Fat | High Protein | Body K | Body R | Body V | Body W | Event

5 Stück – 5 Portionen (pro Portion 1 Pfannkuchen)
Zubereitungszeit: etwa 45 Minuten
Das wird gebraucht: Mixer, Pfanne mit ø 28 cm

p. P. (180 g) 295 kcal

KH	41 g	(58 kcal%)
F	7 g	(23 kcal%)
EW	13 g	(19 kcal%)

150 g Apfel
1 EL Zitronensaft
3 Eier (Größe M)
300 ml Milch (1,5 % Fett)
2 ½ EL (25 g) Roh-Rohrzucker
½ TL gemahlener Zimt
1 Prise Salz
4 EL (30 g) geschroteter Leinsamen
150 g Dinkelmehl (Type 630)
2 EL Rapsöl für die Pfanne
70 g Sultaninen

- ☐ Den Apfel schälen, das Kerngehäuse entfernen und den Apfel in kleine Würfel (etwa ½ cm) schneiden. Die Apfelwürfel mit dem Zitronensaft beträufeln.
- ☐ Die Eier aufschlagen und mit der Milch, dem Roh-Rohrzucker, dem gemahlenen Zimt, Salz und Leinsamen in einen Mixer geben. Das Dinkelmehl dazugeben und alles zu einem homogenen Teig mixen.
- ☐ Eine Pfanne auf mittlere Temperatur erhitzen. Die Pfanne mithilfe eines Stücks Küchenpapier oder eines Pinsel mit etwas Rapsöl einfetten. Nacheinander den Teig zu dünnen Pfannkuchen ausbacken. Dabei nach jedem Pfannkuchen die Pfanne erneut mit Rapsöl ausreiben. Die fertigen Pfannkuchen auf einem Teller stapeln.
- ☐ Anschließend die Apfelwürfel und die Sultaninen gleichmäßig auf den einzelnen Pfannkuchen verteilen und die Pfannkuchen jeweils eng zusammenrollen.

REICH AN: Vitamine D, E, B_1, B_2, B_6, B_{12}, Niacin, Pantothensäure, Biotin, Folsäure sowie Kalium, Calcium, Magnesium, Eisen und Zink

TIPP: Mit dem Mixer lässt sich der Teig besonders glatt rühren. Wer mag, kann aber auch einfach einen Schneebesen zum Rühren verwenden.

Pfannkuchen mit Marmeladenfüllung

Low Fat | Body V | Body W | Event

5 Stück – 5 Portionen (pro Portion 1 Pfannkuchen)
Zubereitungszeit: 40 Minuten
Das wird gebraucht: Mixer, Pfanne mit ø 28 cm

p. P. (120 g) 205 kcal

KH	32 g	(65 kcal%)
F	4 g	(19 kcal%)
EW	5 g	(16 kcal%)

2 Eier (Größe M)
250 ml Milch (1,5 % Fett)
150 g Dinkelvollkornmehl
1 Prise Salz
2 EL Rapsöl für die Pfanne
75 g Fruchtkonfitüre (nach Geschmack)

- Die Eier aufschlagen und mit der Milch, dem Dinkelvollkornmehl und dem Salz in einem Mixer zu einem homogenen Teig mixen.
- Eine Pfanne auf mittlere Temperatur erhitzen. Mit einem Pinsel oder einem Stück Küchenpapier die Pfanne mit etwas Öl ausreiben. Nacheinander den Teig zu dünnen Pfannkuchen ausbacken. Dabei nach jedem Pfannkuchen die Pfanne erneut mit etwas Öl auswischen. Die fertigen Pfannkuchen auf einem Teller stapeln.
- Die Pfannkuchen jeweils mit etwa 1 EL Fruchtkonfitüre bestreichen. Dabei die Konfitüre lediglich auf die zugewandte Hälfte streichen. Die Ränder dabei aussparen. Den Pfannkuchen eng zusammenrollen, dabei mit der bestrichenen Hälfte beginnen. Anschließend jeden Pfannkuchen eng zusammenrollen.

REICH AN: Vitamine B_1, B_{12}, Niacin, Pantothensäure, Biotin und Folsäure sowie Eisen und Zink

TIPP: Wer auf »High Carb« achtet, kann pro Portion 1 ½ Pfannkuchen essen.

▶ (Energie-)Speicher leer? Köstlich gefüllte Pfannkuchen, beispielsweise mit Marmelade oder Quark und selbst gemachtem Granola (Rezept Seite 120), füllen ihn schnell wieder auf.

Pfannkuchen mit Quark und Granola

Low Fat | High Protein | Body D | Body K | Body R | Body V | Body W | Brain | Event

p. P. (145 g) 240 kcal	
KH	35 g (60 kcal%)
F	5 g (20 kcal%)
EW	11 g (20 kcal%)

10 Stück – 10 Portionen
(pro Portion 1 gefüllter Pfannkuchen)
Zubereitungszeit: 50 Minuten
Das wird gebraucht: Mixer, Pfanne mit ø 28 cm, Backblech, Backpapier

Für die Füllung:
35 g Honig
35 g Apfeldicksaft
20 g Kokosöl
10 g Mandeln
35 g Vier-Korn-Flocken
15 g gepuffter Amarant
15 g feine Haferflocken
10 g Kürbiskerne
10 g Sonnenblumenkerne
½ TL Salz
300 g Quark (Magerstufe)

Für den Teig:
300 g Dinkelvollkornmehl
½ TL Weinstein-Backpulver
400 ml Sojadrink (ungesüßt)
200 ml Mineralwasser mit Kohlensäure
60 g Roh-Rohrzucker
1 Prise Salz
etwas Rapsöl für die Pfanne

- ☐ Den Backofen auf 180 °C vorheizen.
- ☐ Für die **Füllung** den Honig, Apfeldicksaft und das Kokosöl in einem Topf unter Rühren erwärmen, bis alles flüssig wird.
- ☐ Die Mandeln grob hacken. Die Vier-Korn-Flocken, den gepufften Amarant, Haferflocken, die Kerne und das Salz in einer Schüssel vermischen. Die gehackten Mandeln ebenfalls zugeben.
- ☐ Die flüssige Honig-Kokos-Masse in die Schüssel geben und mit den trockenen Zutaten gründlich vermengen.
- ☐ Ein Backblech mit einem Backpapier oder einer Backmatte auslegen. Die Granola-Masse darauf verteilen und im vorgeheizten Backofen etwa 15 Minuten backen. Das Granola sollte dabei etwas Farbe bekommen. Anschließend auf dem Blech auskühlen lassen. Das abgekühlte Granola mit den Händen zerbröseln.
- ☐ In der Zwischenzeit für den **Pfannkuchenteig** das Dinkelmehl mit dem Backpulver vermischen. Den Sojadrink mit dem Mineralwasser, dem Zucker, dem Salz und dem Dinkelvollkornmehl in einem Mixer oder mit einem Pürierstab zu einem homogenen Teig mixen.
- ☐ Eine Pfanne auf mittlerer Stufe erhitzen. Mit einem Stück Küchenpapier oder einem Pinsel die Pfanne mit etwas Öl auswischen. Nacheinander den Teig zu dünnen Pfannkuchen verarbeiten. Dabei nach jedem Pfannkuchen die Pfanne erneut mit Öl auswischen. Die fertigen Pfannkuchen auf einem Teller stapeln.
- ☐ Auf die Pfannkuchen jeweils 2 EL Quark (etwa 30 g) verstreichen. Dabei am oberen Rand einen Streifen frei lassen. Auf den Quark jeweils 2 EL (etwa 20 g) Granola verteilen. Die Pfannkuchen von der unteren, zugewandten Seite, beginnend zusammenrollen.

REICH AN: Vitamine B_1, B_{12}, Niacin und Folsäure sowie Eisen

Pfannkuchen mit Mandel-Schoko-Creme

Vegan | Laktosefrei | High Carb | Body V | Body W | Event

8 Stück – 8 Portionen (pro Portion 1 Pfannkuchen)
Zubereitungszeit: 50 Minuten
Das wird gebraucht: Mixer, Pfanne mit ø 28 cm

p. P. (200 g) 310 kcal

KH	45 g	(59 kcal%)
F	10 g	(30 kcal%)
EW	9 g	(11 kcal%)

Für den Teig:
300 g Dinkelvollkornmehl
1 Päckchen Weinstein-Backpulver
700 ml Mandeldrink (ungesüßt)
3 EL (20g) Roh-Rohrzucker
1 Prise Salz
1 TL Kokosöl (Zimmertemperatur) für die Pfanne

Für die Mandel-Schoko-Creme:
100 g Mandelmus
3 EL (15 g) Kakaopulver
2 EL (20 g) Agavendicksaft

Für den Belag:
4 Bananen (etwa 400 g)

- ☐ Für den **Pfannkuchenteig** das Dinkelmehl mit dem Backpulver vermischen. Den Mandeldrink mit dem Roh-Rohrzucker, dem Salz und dem Dinkelvollkornmehl in einem Mixer zu einem homogenen Teig mixen.
- ☐ Für die **Mandel-Schoko-Creme** das Mandelmus mit dem Kakaopulver und dem Agavendicksaft in einer Schüssel verrühren. Die Creme bis zu weiteren Verarbeitung nicht kalt stellen, da sie sonst nicht mehr streichfähig ist.
- ☐ Für den **Belag** die Bananen schälen und in sehr dünne Scheiben schneiden. Je dünner die Scheiben sind, desto besser lassen sich Pfannkuchen am Ende zusammenrollen.
- ☐ Eine Pfanne bei mittlerer Temperatur erhitzen. Mit einem Stück Küchenpapier oder einem Pinsel etwas Kokosöl darin verteilen. Nacheinander den Teig zu acht dünnen Pfannkuchen verarbeiten. Dabei nach jedem Pfannkuchen die Pfanne erneut mit etwas Öl ausreiben. Die fertigen Pfannkuchen auf einem Teller stapeln.

☐ Die einzelnen Pfannkuchen jeweils gleichmäßig mit etwa 1 EL Mandel-Schoko-Creme bestreichen. Die Scheiben einer ½ Banane jeweils auf dem unteren Drittel eines Pfannkuchens verteilen und von unten beginnend den Pfannkuchen eng zusammenrollen.

REICH AN: Vitamine E, B_1, B_2, B_6, Niacin und Folsäure sowie Kalium, Calcium, Magnesium, Eisen und Zink

Pfannkuchen mit Milchreisfüllung

Vegan | Laktosefrei | Low Fat | Body V | Body W | Event

12 Stück – 12 Portionen (pro Portion 1 gefüllter Pfannkuchen)
Zubereitungszeit: 45 Minuten
Das wird gebraucht: Mixer, Pfanne mit ø 28 cm

p. P. (160 g) 180 kcal

KH	36 g	(80 kcal%)
F	2 g	(8 kcal%)
EW	5 g	(12 kcal%)

Für den Milchreis:
800 ml Kokosmilch
60 g Roh-Rohrzucker
200 g Milchreis
½ TL gemahlener Zimt

Für den Teig:
300 g Dinkelvollkornmehl
½ TL Weinstein-Backpulver
400 ml Mandeldrink (ungesüßt)
200 ml Mineralwasser mit Kohlensäure
1 Prise Salz
etwas Rapsöl für die Pfanne

- ☐ Für den **Milchreis** die Kokosmilch mit dem Roh-Rohrzucker in einem Topf verrühren und einmal aufkochen. Den Milchreis in die heiße Kokosmilch einrühren und bei niedriger Temperatur etwa 25 Minuten quellen lassen. Immer mal wieder umrühren, damit der Milchreis nicht anbrennt.
- ☐ Für den **Pfannkuchenteig** das Dinkelmehl mit dem Backpulver vermischen. Den Mandeldrink mit dem Mineralwasser, dem Salz und dem Dinkelvollkornmehl in einem Mixer oder mit einem Pürierstab zu einem homogenen Teig mixen.
- ☐ Eine Pfanne auf mittlerer Stufe erhitzen. Mit einem Stück Küchenpapier oder einem Pinsel die Pfanne mit etwas Öl auswischen. Nacheinander den Teig zu dünnen Pfannkuchen verarbeiten. Dabei nach jedem Pfannkuchen die Pfanne erneut mit Öl auswischen. Die fertigen Pfannkuchen auf einem Teller stapeln.
- ☐ Den Zimt mit dem Milchreis verrühren. Jeweils auf die untere Hälfte eines Pfannkuchens etwa 2 EL fertigen Milchreis verstreichen und den Pfannkuchen aufrollen. Mit allen anderen Pfannkuchen ebenso verfahren.

Pfannkuchen mit Zimt und Zucker

Low Fat | Body V | Body W | Event

5 Stück – 5 Portionen (pro Portion 1 Pfannkuchen)
Zubereitungszeit: 30 Minuten
Das wird gebraucht: Mixer, Pfanne mit ø 28 cm

p. P. (180 g) 180 kcal

KH	26 g	(60 kcal%)
F	4 g	(21 kcal%)
EW	8 g	(19 kcal%)

2 Eier (Größe M)
250 ml Milch (1,5 % Fett)
1 Prise Salz
150 g Dinkelvollkornmehl
2 EL Rapsöl für die Pfanne
3 ½ EL (25 g) Roh-Rohrzucker
1 TL gemahlener Zimt

- Die Eier aufschlagen und mit der Milch, dem Salz und dem Dinkelvollkornmehl in einem Mixer zu einem homogenen Teig mixen.
- Bei mittlerer Temperatur eine beschichtete Pfanne erhitzen. Mit einem Stück Küchenpapier oder mit einem Pinsel etwas Öl darin verteilen. Den Teig portionsweise zu dünnen Pfannkuchen verarbeiten. Dabei nach jedem Pfannkuchen die Pfanne erneut mit etwas Öl ausreiben. Die fertigen Pfannkuchen auf einem Teller stapeln.
- Den Roh-Rohrzucker mit dem gemahlenen Zimt in einer kleinen Schüssel mischen. Die einzelnen Pfannkuchen jeweils gleichmäßig damit bestreuen und eng zusammenrollen.

REICH AN: Vitamine B_1, B_{12}, Niacin, Pantothensäure und Folsäure sowie Eisen und Zink

Hefeschnecken mit Apfel und Sultaninen

High Carb | Low Fat | Body V | Body W | Event

24 Stück – 12 Portionen (pro Portion 2 Hefeschnecken)
Zubereitungszeit: 35 Minuten + 60 Minuten Teigruhe + 20 Minuten Backzeit
Das wird gebraucht: Backblech, Backpapier

p. P. (115 g) 330 kcal

KH	50 g	(64 kcal%)
F	10 g	(28 kcal%)
EW	6 g	(8 kcal%)

Für den Teig:
250 g Dinkelmehl (Type 630)
250 g Dinkelvollkornmehl
1 Päckchen Trockenhefe
130 g Roh-Rohrzucker
250 ml lauwarme Milch (1,5 % Fett)
100 g weiche Butter
1 Prise Salz
Dinkelmehl für die Arbeitsfläche

Für den Belag:
1 TL gemahlener Zimt
60 g Roh-Rohrzucker
200 g Äpfel
30 g Butter
80 g Sultaninen

- ☐ Für den **Teig** das Dinkelmehl und das Dinkelvollkornmehl mit der Trockenhefe in einer Rührschüssel mischen. Das Mehl mit dem Roh-Rohrzucker, der Milch, der weichen Butter und der Prise Salz mit der Küchenmaschine oder dem Handrührgerät zu einem glatten Teig verkneten. Ist der Teig noch sehr klebrig, noch ein wenig Dinkelmehl hinzufügen.
- ☐ Den Teig zu einer Kugel formen, die Schüssel mit einem Küchentuch bedecken und den Teig etwa 1 Stunde an einem warmen Ort gehen lassen. Der Teig sollte deutlich an Volumen zunehmen.
- ☐ In der Zwischenzeit für den **Belag** den Zimt und den Roh-Rohrzucker in einer kleinen Schüssel mischen. Den Apfel schälen, das Kerngehäuse entfernen und den Apfel in kleine Würfel (etwa ½ cm) schneiden. Die Butter in einem kleinen Topf bei niedriger Temperatur zergehen lassen.

- ☐ Den Backofen auf 180 °C vorheizen.
- ☐ Den Teig nach dem Gehen in zwei Portionen teilen. Dadurch lässt sich der Teig leichter ausrollen. Eine Hälfte des Teiges etwa ½ cm dick auf einer bemehlten Arbeitsfläche zu einem Rechteck ausrollen. Mit der Hälfte der geschmolzenen Butter bepinseln, die Hälfte des Zimtzuckers gleichmäßig darauf verteilen, anschließend die Hälfte der Apfelwürfel und die Hälfte der Sultaninen gleichmäßig darüberstreuen. Dabei am oberen Rand des Teiges etwa 2 ½ cm frei lassen.
- ☐ Den Teig von der längeren Seite beginnend zusammenrollen. Die Teigrolle mit einem Messer in gleichmäßige Scheiben schneiden, jeweils etwa 45 g. Die Scheiben flach auf die Arbeitsfläche legen und mit der Hand etwas platt drücken. Die Schnecken mit etwas Abstand auf ein mit Backpapier ausgelegtes Backblech setzen und im vorgeheizten Ofen etwa 20 Minuten backen.
- ☐ Mit der zweiten Teigportion und dem restlichen Belag ebenso verfahren und weitere Hefeschnecken backen.

REICH AN: Vitamin B_1 und Folsäure sowie Eisen

Zimtschnecken

High Carb | Body V | Body W | Event

24 Stück – 12 Portionen (pro Portion 2 Hefeschnecken)
Zubereitungszeit: 25 Minuten + 60 Minuten Teigruhe + 40 Minuten Backzeit
Das wird gebraucht: Backblech, Backpapier

p. P. (90 g) 300 kcal

KH	44 g	(60 kcal%)
F	10 g	(30 kcal%)
EW	6 g	(10 kcal%)

Für den Teig:
250 g Dinkelmehl (Type 630)
250 g Dinkelvollkornmehl
1 Päckchen Trockenhefe
130 g Roh-Rohrzucker
250 ml lauwarme Milch (1,5 % Fett)
100 g weiche Butter
1 Prise Salz
Dinkelmehl für die Arbeitsfläche

Für den Belag:
1 TL gemahlener Zimt
60 g Roh-Rohrzucker
30 g Butter

- ☐ Für den **Teig** das Dinkelmehl und das Dinkelvollkornmehl in einer Rührschüssel mit der Trockenhefe mischen. Den Roh-Rohrzucker, die Milch, die weiche Butter und das Salz dazugeben und alle Zutaten mit der Küchenmaschine oder dem Handrührgerät zu einem glatten Teig verkneten. Nach Bedarf noch etwas Dinkelmehl dazugeben, falls der Teig noch sehr klebrig ist.
- ☐ Den Teig zu einer Kugel formen, die Schüssel mit einem Küchentuch bedecken und den Teig etwa 1 Stunde an einem warmen Ort gehen lassen. Der Teig sollte sein Volumen deutlich erhöhen.
- ☐ Für den **Belag** den Zimt und den Roh-Rohrzucker in einer kleinen Schüssel mischen. Die Butter in einem kleinen Topf vorsichtig schmelzen lassen.
- ☐ Den Backofen auf 180 °C vorheizen.
- ☐ Den Teig nach der Gehzeit in zwei Portionen teilen. Eine Hälfte des Teiges etwa ½ cm dick auf einer bemehlten Arbeitsfläche zu einem Rechteck ausrollen. Mit der Hälfte der geschmolzenen Butter bepinseln, die Hälfte des Zimtzuckers gleichmäßig darauf verteilen. Den Teig von der längeren Seite beginnend zusammenrollen.

- ☐ Die Teigrolle mit einem Messer in gleichmäßige Scheiben schneiden, jeweils etwa 45 g. Die Scheiben mit der Hand etwas platt drücken. Die Hefeschnecken mit etwas Abstand auf ein mit Backpapier ausgelegtes Backblech setzen und im vorgeheizten Ofen etwa 20 Minuten backen.
- ☐ Mit der zweiten Teigportion und dem restlichen Belag ebenso verfahren und weitere Hefeschnecken backen.

REICH AN: Vitamin B_1 und Folsäure sowie Eisen

Kokoswaffeln

Body D | Body R | Brain | Event

8 Stück – 8 Portionen (pro Portion 1 Waffel)
Zubereitungszeit: 45 Minuten
Das wird gebraucht: Waffeleisen

p. P. (80 g) 160 kcal

KH	18 g	(47 kcal%)
F	6 g	(35 kcal%)
EW	7 g	(18 kcal%)

3 Eier (Größe M)
150 g Kokosblütenzucker
25 g Kokosraspel
250 g Dinkelvollkornmehl
25 g Kokosmehl
200 ml Milch (1,5 % Fett)
etwas Öl für das Waffeleisen

- Das Waffeleisen vorheizen.
- Die Eier aufschlagen und in eine Rührschüssel geben. Den Kokosblütenzucker und die Kokosraspel, das Dinkelvollkornmehl und das Kokosmehl dazugeben und mit der Küchenmaschine oder dem Handrührgerät verrühren. Dabei nach und nach die Milch dazugeben und alles zu einem glatten Teig verrühren.
- Die Backflächen des heißen Waffeleisens mit etwas Öl bestreichen. Den Teig portionsweise zu Waffeln ausbacken. Nach jedem Backvorgang die Backfläche wieder mit etwas Öl einpinseln.

REICH AN: Eisen

Herzhafte Gewürzwaffeln

Laktosefrei | Glutenfrei | Low Fat | Body D | Body R | Brain | Event

7 Stück – 7 Portionen (pro Portion 1 Waffel)
Zubereitungszeit: 45 Minuten
Das wird gebraucht: Waffeleisen

p. P. (80 g) 140 kcal

KH	14 g	(43 kcal%)
F	4 g	(29 kcal%)
EW	9 g	(28 kcal%)

2 Eier (Größe M)
2 EL (20 g) geschroteter Leinsamen
2 TL getrocknete italienische Kräuter
1 TL gemahlener Koriander
1 TL gemahlener Kreuzkümmel
½ TL gemahlener Zimt
200 g geröstetes Kichererbsenmehl
1 TL Weinstein-Backpulver
200 ml Mineralwasser mit Kohlensäure
etwas Rapsöl für das Waffeleisen

- Das Waffeleisen vorheizen.
- Die Eier aufschlagen und in eine Rührschüssel geben. Die Kräuter und die Gewürze, das Kichererbsenmehl und das Backpulver dazugeben und mit der Küchenmaschine oder dem Handrührgerät vermischen. Dabei nach und nach das Mineralwasser dazugeben und alles zu einem glatten Teig verrühren.
- Die Backflächen des heißen Waffeleisens mit etwas Öl bestreichen. Den Teig portionsweise zu Waffeln ausbacken. Nach jedem einzelnen Backvorgang die Backfläche wieder mit Öl einpinseln.

TIPP: Je nachdem, wie viel Teig in das Waffeleisen gefüllt wird, weicht die Portionsgröße und damit der Nährstoffgehalt etwas von den angegebenen Werten ab.

Möhren-Zucchini-Waffeln

Body R | Brain | Event

10 Stück – 10 Portionen (pro Portion 1 Waffel)
Zubereitungszeit: 45 Minuten
Das wird gebraucht: Waffeleisen

p. P. (80 g)	110 kcal
KH	11 g (41 kcal%)
F	4 g (33 kcal%)
EW	5 g (26 kcal%)

200 g Möhren
100 g Zucchini
30 g Parmesan
3 Eier (Größe M)
1 Prise Salz
150 g Dinkelvollkornmehl
60 g Speisestärke
2 TL Weinstein-Backpulver
200 ml Mineralwasser mit Kohlensäure
etwas Öl für das Waffeleisen

- □ Das Waffeleisen vorheizen.
- □ Die Möhren schälen. Die Möhren, die Zucchini und den Parmesan auf einer Reibe fein reiben.
- □ Die Eier aufschlagen und in eine Rührschüssel geben. Das Salz und das Dinkelvollkornmehl, die Speisestärke und das Backpulver dazugeben und mit der Küchenmaschine oder dem Handrührgerät vermischen. Dabei nach und nach das Mineralwasser dazugeben und alles zu einem glatten Teig verrühren. Das geriebene Gemüse und den geriebenen Parmesan dazugeben und mit einem Löffel unterheben.
- □ Die Backflächen des heißen Waffeleisens mit etwas Öl bestreichen. Portionsweise den Teig zu Waffeln ausbacken. Nach jedem Backvorgang die Backfläche wieder mit etwas Öl einpinseln.

REICH AN: Vitamine K und B_{12}

Rote-Bete-Waffeln

Vegan | Laktosefrei | Low Fat | Body D | Body K | Body R | Body V | Body W | Brain | Event

8 Stück – 8 Portionen (pro Portion 1 Waffel)
Zubereitungszeit: 45 Minuten
Das wird gebraucht: Waffeleisen

p. P. (80 g) 160 kcal		
KH	25 g	(65 kcal%)
F	2 g	(12 kcal%)
EW	9 g	(23 kcal%)

150 g Dinkelvollkornmehl
100 g Dinkelmehl (Type 630)
1 TL Weinstein-Backpulver
4 EL (40 g) Agavendicksaft
4 EL (40 g) Hanf-Eiweißpulver
1 Prise Salz
1 EL (10 g) geschroteter Leinsamen
250 ml Rote-Bete-Saft
50 ml Mineralwasser mit Kohlensäure
etwas Rapsöl zum Backen

- ☐ Das Waffeleisen vorheizen.
- ☐ Das Dinkelvollkornmehl mit dem Dinkelmehl und dem Backpulver mischen.
- ☐ Den Agavendicksaft mit dem Hanf-Eiweißpulver, dem Salz und den geschroteten Leinsamen in eine Rührschüssel geben. Das Dinkelmehl dazugeben und mit der Küchenmaschine oder dem Handrührgerät verrühren. Dabei nach und nach den Rote-Bete-Saft und das Mineralwasser dazugeben und alles zu einem glatten Teig verrühren.
- ☐ Die Backflächen des heißen Waffeleisens mit etwas Öl bestreichen. Portionsweise den Teig zu Waffeln ausbacken. Nach jedem Backvorgang die Backfläche des Waffeleisens mit etwas Öl einpinseln.

REICH AN: Vitamin B_1, Folsäure sowie Eisen

Eiweißwaffeln

Body K | Body R | Event

10 Stück – 10 Portionen (pro Portion 1 Waffel)
Zubereitungszeit: 30 Minuten
Das wird gebraucht: Waffeleisen

p. P. (80 g) 190 kcal

KH	29 g	(63 kcal%)
F	3 g	(15 kcal%)
EW	10 g	(22 kcal%)

3 Eier (Größe M)
150 g Roh-Rohrzucker
abgeriebene Schale von einer ½ unbehandelten Zitrone
4 EL (40 g) Erbsen-Eiweißpulver
150 g geröstetes Kichererbsenmehl
100 g Dinkelvollkornmehl
200 ml Milch (1,5 % Fett)
etwas Öl für das Waffeleisen

- ☐ Das Waffeleisen vorheizen.
- ☐ Die Eier aufschlagen und in eine Rührschüssel geben. Den Roh-Rohrzucker, die abgeriebene Zitronenschale, das Erbsen-Eiweißpulver, das Kichererbsenmehl und das Dinkelvollkornmehl dazugeben und mit der Küchenmaschine oder dem Handrührgerät verrühren. Dabei nach und nach die Milch dazugeben und alles zu einem glatten Teig verrühren.
- ☐ Die Backflächen des heißen Waffeleisens mit etwas Öl bestreichen. Portionsweise den Teig zu Waffeln ausbacken. Nach jedem Backvorgang die Backfläche wieder mit etwas Öl einpinseln.

Waffelsandwich mit Humus

Vegan | Laktosefrei | Body V | Event

8 bis 16 Stück – 8 Portionen
(pro Portion 1 bis 2 Waffelsandwich)
Zubereitungszeit: 45 Minuten
Das wird gebraucht: Waffeleisen

p. P. (120 g) 295 kcal

KH	38 g (52 kcal%)
F	12 g (37 kcal%)
EW	8 g (11 kcal%)

Für den Teig:
100 g Dinkelvollkornmehl
50 g Erdmandelmehl
1 TL Weinstein-Backpulver
180 ml Mandeldrink (ungesüßt)
etwas Rapsöl zum Backen

Für den süßen Humus:
150 g gekochte Kichererbsen
75 g entsteinte Datteln
40 g Cashewnüsse
3 EL (15 g) Kakaopulver
1 TL gemahlener Zimt

- ☐ Das Waffeleisen vorheizen. Für den **Teig** das Dinkelvollkornmehl mit dem Erdmandelmehl und dem Backpulver in einer Rührschüssel mischen. Den Mandeldrink nach und nach dazugeben und mit der Küchenmaschine oder dem Handrührgerät zu einem glatten Teig verrühren.
- ☐ Die Backflächen des heißen Waffeleisens mit etwas Öl bestreichen. Portionsweise den Teig zu Waffeln ausbacken. Nach jedem Backvorgang die Backfläche des Waffeleisens mit etwas Öl einpinseln.
- ☐ Für den **süßen Humus** die gekochten Kichererbsen, die entsteinten Datteln und die Cashewnüsse in ein hohes Rührgefäß oder einen Mixer geben. Das Kakaopulver und den gemahlenen Zimt dazugeben und alles mit einem Pürierstab oder im Mixer zu einer homogenen Masse mixen. Nach Bedarf nach und nach 2 – 3 EL Wasser dazugeben, falls die Masse zu trocken ist.
- ☐ Jeweils eine Waffel mit 1 gehäuften EL süßen Humus bestreichen und mit einer zweiten Waffel bedecken. Das Sandwich etwas zusammendrücken.

REICH AN: Magnesium und Eisen

Smoothies, Shakes und Gels

Geballte Energie in schnell verfügbarer Form liefern Smoothies, Shakes und Gels. Die Powerbooster enthalten alles, was der Körper im jeweiligen Moment braucht: passend zum Anlass mal viel, mal wenig Kohlenhydrate, Fett oder Eiweiß, ein ganzes Bündel an Vitaminen und Mineralstoffen und garantiert keine unnötigen Zusatzstoffe. Smoothies und Shakes sind sowohl im Training als auch als leckere Pausenmahlzeit beim Lernen oder am Arbeitsplatz ideal. Gels sind fürs Training oder für den sportlichen Wettkampf unersetzlich.

GUT ZU WISSEN: Shakes und Smoothies werden am besten in einem Shaker oder einer Trinkflasche mit großer Öffnung transportiert. Vor dem Verzehr sollten sie noch einmal kräftig durchgeschüttelt werden. Sie können morgens prima vorbereitet und, in einer Kühltasche oder zusammen mit einem Kühlakku verpackt, zum Sport oder für die Pause mitgenommen werden. Im Kühlschrank sind sie meist 1 – 2 Tage haltbar. Gels lassen sich in den Trinkfläschchen am Laufgürtel oder noch besser in kleinen Geltuben, die es mittlerweile im Handel gibt, mitnehmen. Die Tuben sind wiederverwendbar – gut, um Verpackungsmüll zu vermeiden!

Grüner Smoothie

Vegan | Laktosefrei | Glutenfrei | Low Fat | Body A | Body R | Brain

1 Portion
Zubereitungszeit: 10 Minuten
Das wird gebraucht: Mixer

p. P. (460 g) 120 kcal

KH	17 g	(55 kcal%)
F	2 g	(15 kcal%)
EW	9 g	(30 kcal%)

2 Kiwis (150 g)
90 g Blattspinat
200 ml Wasser
1 EL (10 g) Hanf-Eiweißpulver
1 ½ TL Matchapulver

- ☐ Die Kiwis schälen und in grobe Stücke schneiden. Den Blattspinat putzen.
- ☐ Die Kiwis und den Blattspinat zusammen mit dem Wasser, dem Hanf-Eiweißpulver und dem Matchapulver in einen Mixer geben.
- ☐ Alle Zutaten im Mixer 2 – 3 Minuten mixen. Den Smoothie in eine Flasche oder einen Shaker füllen. Im Kühlschank lagern. Der Smoothie schmeckt frisch am besten und sollte noch am selben Tag verbraucht werden.
- ☐ Vor dem Verzehr noch einmal kräftig durchschütteln.

REICH AN: Vitamine E, K, B_2, B_6, C und Folsäure sowie Kalium, Calcium, Magnesium und Eisen

TIPP: Wer keinen Mixer hat, kann auch einen Pürierstab verwenden. Der Smoothie wird dann etwas weniger fein und cremig.

Kokos-Beeren-Shake

Gluten-frei | Low Fat | Body A | Brain

1 Portion
Zubereitungszeit: 10 Minuten
Das wird gebraucht: Mixer

p. P. (430 g) 200 kcal

KH	39 g	(80 kcal%)
F	1 g	(5 kcal%)
EW	8 g	(15 kcal%)

100 g frische oder tiefgekühlte Beerenmischung
50 g Quark (Magerstufe)
3 EL (30 g) Agavendicksaft
250 ml Kokoswasser

- □ Die Beerenmischung zusammen mit dem Quark, dem Agavendicksaft und dem Kokoswasser in einen Mixer geben.
- □ Alle Zutaten im Mixer 2 – 3 Minuten mixen. Den Shake in eine Flasche oder einen Shaker füllen. Im Kühlschank lagern. Der Shake sollte spätestens nach 2 Tagen verbraucht werden.
- □ Vor dem Verzehr noch einmal kräftig schütteln.

REICH AN: Vitamine B_{12}, C, Biotin und Folsäure sowie Jod

TIPP: Tiefgekühlte Beeren, die außerhalb der Beerensaison eine gute Alternative sind, müssen vor dem Mixen nicht auftauen.

Mango-Eiweiß-Shake

Vegan | Laktosefrei | High Carb | Low Fat | High Protein | Body K | Body R

1 Portion
Zubereitungszeit 10 Minuten
Das wird gebraucht: Mixer

p. P. (380 g) 300 kcal

KH	43 g	(59 kcal%)
F	4 g	(13 kcal%)
EW	20 g	(28 kcal%)

100 g frische oder tiefgekühlte Mango (küchenfertig gewogen)
50 g Bananen (küchenfertig gewogen)
1 EL (10 g) feine Haferflocken
2 EL (20 g) Erbsen-Eiweißpulver
½ TL gemahlene Kurkuma
200 ml Reisdrink (ungesüßt)
50 ml Wasser

- Frische Mango schälen und das Fruchtfleisch vom Kern lösen oder tiefgekühlte Mango auftauen. Die Banane schälen und in Stücke schneiden.
- Die Mango- und Bananenstücke zusammen mit den Haferflocken, dem Erbsen-Eiweißpulver und der gemahlenen Kurkuma in den Mixer geben. Mit Reisdrink und Wasser aufgießen und alle Zutaten 2 – 3 Minuten mixen.
- Den Shake in eine Flasche oder Shaker füllen und frisch verbrauchen oder im Kühlschank lagern. Der Shake ist etwa 2 Tage haltbar.
- Vor dem Verzehr noch einmal kräftig schütteln.

REICH AN: Vitamine A, D, E, B_6, B_{12}, C und Folsäure sowie Kalium und Calcium

TIPP: In eine Smoothie-Flasche oder einen Shaker mit fest schließendem Trinkdeckel abgefüllt, lässt sich der Eiweißshake gut transportieren. Bei der Wahl des Gefäßmaterials geben Funktionalität und Vorlieben den Ausschlag.

Exotischer Fruchtshake

Vegan | Laktosefrei | Glutenfrei | Body K | Body R

1 Portion
Zubereitungszeit: 10 Minuten
Das wird gebraucht: Mixer

p. P. (470 g) 200 kcal

KH	24 g	(50 kcal%)
F	6 g	(29 kcal%)
EW	10 g	(21 kcal%)

40 g frische Papaya
1 TL Papayakerne
30 g frische Ananas
30 g frische Mango
1 kleines Stück geschälter Ingwer (5 g) Ingwer
2 Stängel frische Minze
200 g Sojaghurt
150 ml Kokoswasser
Saft von einer ½ Limette

- ☐ Das Papayastück schälen und die Papayakerne herauslösen. Das Ananas- und Mangostück schälen.
- ☐ Das Obst, die Kerne und den Ingwer mit der Minze in einen Mixer geben.
- ☐ Den Sojaghurt, das Kokoswasser und den Limettensaft dazugeben und alle Zutaten im Mixer mindestens 2 – 3 Minuten mixen, bis die Kerne vollständig zerkleinert sind.
- ☐ Den Shake in eine Flasche oder einen Shaker füllen und frisch verbrauchen oder im Kühlschank lagern. Der Shake ist etwa 2 Tage haltbar.

REICH AN: Vitamin Ç sowie Kalium und Magnesium

TIPP: Je nach Vorratslage und Geschmack können natürlich für den Shake auch andere Früchte verwendet werden. Sie versorgen den Körper dann jeweils mit anderen wertvollen Inhaltsstoffen.

Eiweißshake mit Zimt und Banane

Gluten-frei | Low Fat | High Protein | Body R | Body K

1 Portion
Zubereitungszeit: 10 Minuten
Das wird gebraucht: Mixer

p. P. (370 g) 300 kcal

KH	33 g	(46 kcal%)
F	5 g	(16 kcal%)
EW	27 g	(38 kcal%)

1 Banane
2 EL (20 g) Erbsen-Eiweißpulver
½ TL gemahlener Zimt
250 ml Milch (1,5 % Fett)

- Die Banane schälen, in Stücke schneiden und in einen Mixer geben.
- Das Erbsen-Eiweißpulver und den gemahlenen Zimt dazugeben, mit der Milch aufgießen und alle Zutaten im Mixer 1 – 2 Minuten mixen.
- Den Shake in einen Shaker füllen und vor dem Verzehr noch einmal kräftig durchschütteln. Der Shake kann auch schon am Vorabend zubereitet werden. Er sollte dann im Kühlschrank aufbewahrt werden.

REICH AN: Vitamine B_6, B_{12}, C, Biotin, Pantothensäure und Folsäure sowie Kalium, Calcium, Magnesium und Jod

TIPP: Im Gegensatz zu anderen Eiweißpulvern dickt das Erbsen-Eiweißpulver den Shake nicht ein. Vegan ist der Drink, wenn statt der Milch ein Pflanzendrink verwendet wird. Für eine gute Eiweißkombination eignet sich ein Reisdrink dafür am besten.

Avocado-Gel

Vegan | Laktosefrei | Glutenfrei | Body F

1 Portion
Zubereitungszeit: 15 Minuten
Das wird gebraucht: Mixer, Trinkfläschchen oder Geltuben

p. P. (190 g) 200 kcal

KH	3 g	(6 kcal%)
F	20 g	(90 kcal%)
EW	2 g	(4 kcal%)

½ Avocado (80 g)
1 EL Zitronensaft
10 g Kokosöl (Zimmertemperatur)
100 ml mineralstoffreiches Mineralwasser ohne Kohlensäure
1 Prise Salz

- □ Den Kern aus der halbierten Avocado entfernen, das Fruchtfleisch aus der Schale lösen und in einen Mixer geben.
- □ Den Zitronensaft und das Kokosöl dazugeben, mit dem Mineralwasser aufgießen. Alle Zutaten im Mixer zu einem Gel pürieren. Nach Geschmack mit etwas Salz würzen.
- □ Das Avocado-Gel in kleine Trinkfläschchen eines Laufgürtels oder in kleine Geltuben füllen und noch am selben Tag verzehren.

REICH AN: Vitamine E, K und B_6 sowie Kalium

▶ Kakao, Heidelbeere oder Avocado? Nach Geschmack und Anlass ausgesucht, sind selbst gemachte Gels fürs Training oder den sportlichen Wettkampf genau richtig.

Heidelbeer-Gel

Vegan | Laktosefrei | Glutenfrei | Low Fat | Body V | Body W | Event

1 Portion
Zubereitungszeit: 15 Minuten + eventuell 90 Minuten
Das wird gebraucht: Mixer, Trinkfläschchen oder Geltuben

p. P. (80 g) 120 kcal

KH	30 g	(98 kcal%)
F	unter 1 g	(1 kcal%)
EW	unter 1 g	(1 kcal%)

20 g Heidelbeeren (frisch oder tiefgekühlt)
2 EL (20 g) Zuckerrübensirup
3 EL (15 g) Maltodextrin 12 (siehe Seite 36)
1 TL (5 g) Johannisbrotkernmehl
3 EL (20 ml) mineralstoffreiches Mineralwasser ohne Kohlensäure
1 Prise Salz

- Die frischen oder tiefgekühlten Heidelbeeren in einen Mixer geben.
- Den Zuckerrübensirup, das Maltodextrin und das Johannisbrotkernmehl dazugeben, mit dem Mineralwasser aufgießen.
- Alle Zutaten im Mixer zu einem Gel pürieren. Nach Geschmack mit etwas Salz würzen.
- Das Heidelbeer-Gel in kleine Trinkfläschchen eines Laufgürtels oder in kleine Geltuben füllen.

REICH AN: Eisen

TIPP: Das Heidelbeer-Gel kann auch als Powerdrink bei Sportveranstaltungen angeboten werden. Kleine wiederverwendbare Trinkbecher sind dafür ideal.

Frucht-Gel

Vegan | Laktosefrei | Glutenfrei | Low Fat | Body V | Body W

1 Portion
Zubereitungszeit: 15 Minuten
Das wird gebraucht: Trinkfläschchen oder Geltuben

p. P. (80 g) 140 kcal

KH	30 g	(98 kcal%)
F	unter 1 g	(1 kcal%)
EW	unter 1 g	(1 kcal%)

3 EL (20 ml) Orangensaft
3 EL (20 ml) kalter Früchtetee
2 EL (20 g) Zuckerrübensirup
3 EL (15 g) Maltodextrin 12 (siehe Seite 36)
1 TL (5 g) Johannisbrotkernmehl
1 Prise Salz

- ☐ Den Orangensaft mit dem Früchtetee in einer Schüssel vermischen. Den Zuckerrübensirup darunterrühren.
- ☐ Das Maltodextrin und das Johannisbrotkernmehl einstreuen und mit einem Schneebesen kräftig verrühren, sodass keine Klümpchen zurückbleiben. Mit etwas Salz abschmecken.
- ☐ Das Gel in kleine Trinkflaschen für einen Laufgürtel oder in kleine Tuben füllen.

REICH AN: Eisen

TIPP: Das Gel ist etwas flüssiger als die klassischen Sportgels aus dem Handel und kann deshalb gut in kleinen Trinkfläschchen am Laufgürtel mitgenommen werden.

Kaffee-Gel

1 Portion
Zubereitungszeit: 15 Minuten
Das wird gebraucht: Trinkfläschchen oder Geltuben

Vegan | Laktosefrei | Glutenfrei | Low Fat | Body V | Body W

p. P. (60 g) 120 kcal

KH	28 g	(96 kcal%)
F	unter 1 g	(2 kcal%)
EW	unter 1 g	(2 kcal%)

3 EL (20 ml) stark aufgebrühter, kalter Espresso
2 EL (20 g) Zuckerrübensirup
3 EL (15 g) Maltodextrin 12 (siehe Seite 36)
1 TL (5 g) Johannisbrotkernmehl
1 Prise Salz

- □ Den Espresso mit dem Zuckerrübensirup in einer Schüssel verrühren.
- □ Das Maltodextrin und das Johannisbrotkernmehl einstreuen und mit einem Schneebesen kräftig verrühren, sodass keine Klümpchen zurückbleiben. Mit etwas Salz abschmecken.
- □ Das Gel in kleine Trinkflaschen für einen Laufgürtel oder in kleine Tuben füllen.

REICH AN: Eisen

TIPP: Im entscheidenden Moment kann der kleine, wohldosierte Koffeinkick beginnender Müdigkeit entgegenwirken. Und wer gerne Espresso trinkt, wird auch dieses Gel mögen.

Kakao-Gel

Vegan | Laktosefrei | Glutenfrei | Low Fat | Body V | Body W

1 Portion
Zubereitungszeit: 15 Minuten
Das wird gebraucht: Trinkfläschchen oder Geltuben

p. P. (70 g) 160 kcal

KH	30 g	(80 kcal%)
F	2 g	(12 kcal%)
EW	3 g	(8 kcal%)

3 EL (20 ml) mineralstoffreiches Mineralwasser ohne Kohlensäure
2 EL (20 g) Zuckerrübensirup
3 EL (15 g) Maltodextrin 12 (siehe Seite 36)
1 TL (5 g) Johannisbrotkernmehl
2 EL (10 g) Kakaopulver, stark entölt
1 Prise Salz

- ☐ Das Mineralwasser mit dem Zuckerrübensirup in einer Schüssel verrühren.
- ☐ Das Maltodextrin, das Johannisbrotkernmehl und zuletzt das Kakaopulver einstreuen und mit einem Schneebesen kräftig verrühren, sodass keine Klümpchen zurückbleiben. Es kann einige Zeit dauern, bis sich der Kakao unter ständigem Rühren mit den restlichen Zutaten vermengt. Mit etwas Salz abschmecken.
- ☐ Das Gel in kleine Tuben für Sportgels oder in Trinkfläschchen für einen Laufgürtel füllen.

REICH AN: Kalium, Magnesium und Eisen

TIPP: Maltodextrin ist als Zutat in Gels eine gute Wahl, um schnell viel Energie in Form von Kohlenhydraten aufzunehmen, ohne den Magen-Darm-Trakt zu strapazieren.

Quitten-Gel

Vegan | Laktose-frei | Gluten-frei
Low Fat | Body V | Body W

1 Portion
Zubereitungszeit: 15 Minuten
+ Zubereitungszeit für das Quittenmus
Das wird gebraucht: Trinkfläschchen oder Geltuben

p. P. (90 g) 200 kcal

KH	47 g	(98 kcal%)
F	unter 1 g	(1 kcal%)
EW	unter 1 g	(1 kcal%)

60 g Quittenmus (aus dem Rezept Quittenbrot von Seite 102)
3 EL (15 g) Maltodextrin 12 (siehe Seite 36)
1 TL (5g) Johannisbrotkernmehl
1 ½ EL (10 ml) mineralstoffreiches Mineralwasser ohne Kohlensäure
1 Prise Salz

- ☐ Dieses Gel lässt sich am besten zubereiten, wenn man es mit der Zubereitung des Quittenbrotes kombiniert. Dazu die Quitten wie auf Seite 102 beschrieben etwa 45 Minuten weich kochen, von den Kerngehäusen befreien und mit dem Roh-Rohrzucker im Verhältnis 1:1 vermischen. Für das Gel davon 60 g entnehmen, sobald sich der Roh-Rohrzucker unter Rühren und der Wärme komplett aufgelöst hat.
- ☐ Das Quittenmus in eine Schüssel geben und mithilfe eines Schneebesens mit den restlichen Zutaten klümpchenfrei verrühren.
- ☐ Das Gel in kleine Tuben für Sportgels oder in Trinkfläschchen für einen Laufgürtel füllen.

TIPP: Auslaufsichere Geltuben und Trinkfläschchen gibt es im Fachhandel für Lauf- und Radsport. Die Öffnungen der Quetschflaschen sollten groß sein, damit sie gut zu reinigen und wiederverwendbar sind.

Vegan | Laktose-frei | Gluten-frei
Low Fat | Body V | Body W

Zitronen-Gel

1 Portion
Zubereitungszeit: 10 Minuten
Das wird gebraucht: Trinkfläschchen oder Geltuben

p. P. (80 g) 65 kcal

KH	16 g	(98 kcal%)
F	unter 1 g	(1 kcal%)
EW	unter 1 g	(1 kcal%)

3 EL (20 ml) Zitronensaft
3 EL (20 ml) mineralstoffreiches Mineralwasser ohne Kohlensäure
2 EL (20 g) Zuckerrübensirup
3 EL (15 g) Maltodextrin 12 (siehe Seite 36)
1 TL (5 g) Johannisbrotkernmehl
1 Prise Salz

- ☐ Den Zitronensaft und das Mineralwasser mit dem Zuckerrübensirup in einer Schüssel verrühren.
- ☐ Das Maltodextrin und das Johannisbrotkernmehl einstreuen und mit einem Schneebesen kräftig verrühren, sodass keine Klümpchen zurückbleiben. Mit etwas Salz abschmecken.
- ☐ Das Gel in kleine Trinkflaschen für einen Laufgürtel oder in kleine Tuben füllen.

REICH AN: Eisen

TIPP: Der Zitronensaft bringt bei diesem Gel nicht nur den frischen Geschmack. Durch das Vitamin C kann das enthaltene pflanzliche Eisen vom Körper besser aufgenommen werden.

Die Autoren

Anna Lena Böckel weiß, was Sportler mögen: Als Profiköchin und Gesundheitsmanagerin bekochte und beriet sie Spieler eines Fußballvereins in der 1. Bundesliga, selbst ist sie Triathletin und in ihrer Altersklasse viermalige deutsche Meisterin im Treppenlaufen. Die Ernährungswissenschaftler **Günter Wagner** und **Uwe Schröder** betreuen am Deutschen Institut für Sporternährung in Bad Nauheim Leistungs- und Freizeitsportler in allen Sportarten. Patienten der Sportklinik Bad Nauheim beraten sie ebenfalls in allen Fragen des bewussten Essens und Trinkens.

Rezeptregister

Jutta Grimm:
Magisch fix
ISBN: 978-3-89566-373-4

Anna Lena Böckel, Uwe Schröder,
Günter Wagner:
Fit mit Kokos
ISBN: 978-3-89566-356-7

Sigrid Schimetzky:
Herbstfrüchte
ISBN: 978-3-89566-378-9

Elke Puchtler:
Lavendelschätze
ISBN: 978-3-89566-377-2

Günter Wagner, Uwe Schröder:
Essen Trinken Gewinnen
ISBN: 978-3-89566-251-5

Günter Wagner,
Dr. med. Johannes M. Peil,
Uwe Schröder:
Trink Dich Fit
ISBN: 978-3-89566-291-1

Irmela Erckenbrecht:
Teenager auf Veggiekurs
ISBN: 978-3-89566-321-5

Alexander Neukert:
Glutenfrei vegan
ISBN: 978-3-89566-362-8

Gesamtverzeichnis bei:
pala-verlag, Rheinstraße 35, 64283 Darmstadt, www.pala-verlag.de

ISBN: 978-3-89566-386-4
© 2019: pala-verlag,
Rheinstraße 35, 64283 Darmstadt
www.pala-verlag.de
Alle Rechte vorbehalten

Bildnachweis:
Seite 155: Michael Hauler
alle anderen Fotos: Hanna Bien
Titelfotos: Hanna Bien (www.bildervonherzen.de)

Lektorat: Barbara Reis

Satz und Gestaltung: Die Werkstatt-Medien Produktion GmbH, Göttingen

Druck und Bindung: Beltz Grafische Betriebe GmbH, Bad Langensalza
www.beltz-grafische-betriebe.de
Printed in Germany

Gedruckt auf
100% Recyclingpapier